Treasures for Scholars Worldwide

師顧堂叢書

金澤文庫本

春秋經傳集解

蔣鵬翔 沈楠 主編

襄公 昭公

六

〔晋〕杜預 注

廣西師范大學出版社
GUANGXI NORMAL UNIVERSITY PRESS
·桂林·

左傳集解
十八

此卷端傳可在前卷傳末跳出在此卷首傳頭之失也可請加第十七之奧也以請錯傳字可為證歟

此卷端傳可在前卷傳末跳出在此卷首傳寫之失也可謂加第十七之奥也以讀錯傳字可為誤歟

丘二十四

春秋經傳集解襄五第十八　杜氏　盡二十八年

傳會于夷儀之歲齊人城郟在二十四年不直言會夷儀者別二十五年夷儀會此傳也其五月秦晉為成晉韓起如秦涖盟秦伯車如晉涖盟伯車秦伯成而不吉不

此字不可讀

如晉涖盟（伯車秦伯之弟鍼也）成而不結（不結固也傳為後年脩成起本當繼前年之末而特跳此者傳寫失之也）

經二十有六年春王二月辛卯衛甯喜弑其君剽衛孫林父入于戚以叛（衎雖未居位林父專邑背國猶為叛也）甲午衛侯衎[illegible]復其位曰復歸

以邑背國猶爲叛也　甲午衛侯

衎復歸于衛　復其位曰復歸名與不名傳無義例

晉侯使荀吳來聘　吳荀偃子也

公會晉人鄭良霄宋人曹人于澶淵　卿會公侯皆應貶方責宋向戌後期故書良霄以駁之也若皆稱人則嫌向戌直以會公貶之也

秋宋公殺其世子痤　稱君以殺惡其

以會公貶之也秋宋公殺其世

子痤稱君以殺惡其父子相殘害也晉人執衛甯

喜八月壬午許男甯卒于楚未同盟而赴以名也

冬楚子蔡侯陳侯伐鄭葬許

靈公

傳二十六年春秦伯之弟鍼如晉脩

成脩會夷儀叔向命召行人子員

傳二十六年春秦伯之弟鍼如晉脩

成脩會夷儀之歲成也叔向命召行人子員

欲使荅秦命也行人子朱曰朱也當御當御進

也言次當行也三云叔向不應子朱怒曰

班爵同同爲大夫也何以黜朱於朝黜退

也撫劍從之從叔向也叔向曰秦晉不

褰 起虔反本或作騫亦雅同非也說文云褰袴也

撫劍從之叔向曰秦晉不和久矣今日之事幸而集集成也晉國賴之不集三軍暴骨蒲卜反徐扶沃反子員道音導二國之言無私子常易之姦以事君者吾所能御魚呂反禦本亦作御也拂芳弗反衣從之拂衣褰裳也人救之平公曰晉其庶乎庶幾於治直吏反也

治直吏反也

吾臣之所爭者大師曠曰公室懼

卑臣不心競而力爭　謂二子不心競而爲忠而抗　撫大平反

緻拂衣也　不務德而爭善　爭謂所行私欲爲善也

私欲已侈能無卑乎　私欲侈則衛獻公義廢也　昌氏反又尺氏反

公使子鮮爲復　使爲己求反國也　千僞反注同　辭　辭不能也

敬姒強命之　敬姒獻公及

對曰君

使[illegible]鮮[illegible]衛反國也　[illegible]能也

敬姒強命之　敬姒獻公及子鮮之母也　對曰君

無信臣懼不免敬姒曰雖然以吾

故也許諾初獻公使與寧喜言　言復國計也

寧喜曰必子鮮在不然必敗　子鮮賢國人信之必欲使在其間也

故公使子鮮

[illegible]獲命[illegible]故以不得止又[illegible]

敬使在其間也　故公使子鮮

子鮮不獲命於敬姒　不得止命也　以公

命與甯喜言曰苟反政由甯氏祭

則寡人甯喜告蘧伯玉伯玉曰瑗

不得聞君之出敢聞其入　十四年孫氏欲逐獻公瑗走從近關出也

遂行從近關出告右

衛大

從近關出也遂行從近關出右
宰穀衛大夫也右宰穀曰不可獲罪於
兩君前出獻公今弑剽也天下誰畜之畜猶容也
悼子曰吾受命於先人不可以貳
悼子甯喜也受命在二十年也穀曰我請使焉而
觀之觀知可還否也遂見公於夷儀反曰

禘邇臣也

君淹恤在外十二年矣淹久也而無

憂色亦無寬言猶夫人也言其為人猶如

故也若不已死無日矣已止也悼子曰

子鮮在右宰穀曰子鮮在何益多

而能亡於我何為言子鮮為義多不過亡出也

悼子曰雖然不可以

…言放猶…不過亡出也

悼子曰雖然弗可以已孫文子在

戚孫嘉聘於齊孫襄居守二子孫文子之

子也

二月庚寅甯喜右宰穀伐孫氏

不克伯國傷伯國孫襄也文子皆

不在故乘弱攻之也

甯子出舍於郊欲奔

也伯國死孫氏

夜哭國人召甯子…復攻孫氏

甯子出舍於郊也伯國死孫氏
夜哭國人召甯子〻〻復攻孫氏
克之辛卯殺子叔及大子角子叔衛侯
剽也言子叔
剽無謚故也書曰甯喜弒其君剽
言罪之在甯氏也嫌受父命納舊君無罪故發也
孫林父以戚如晉以邑屬晉也書曰入

孫林父以戚如晉　晉也　書曰入
于戚以叛罪孫氏也臣之祿君實
有之義則進否則奉身而退專祿
以周旋戮也　林父事剽而衎入義
可以退唯以專邑自
隨為罪故
傳發之也　甲午衛侯入書曰復歸
國納之也　本晉納之夷儀今從夷
儀入國嫌若晉所納故
發國納之例言國之

國絶之也儀入國嫌若晉所納故發國納之例言國之所納而復其位也大夫逆於竟者執其手而與之言道逆者自車揖之逆於門者頷之而已頷搖其頭言衎驕心易甚也公至使讓大叔文子曰寡人淹恤在外二三子皆使寡人朝

二三子諸

人淹恤在外二三子皆使寡人朝
夕聞衛國之言二三子諸大夫也吾子獨
不在寡人在存問之公聞文子答甯喜之言故怨之也
古人有言曰非所怨勿怨寡人怨
矣所怨在親對曰臣知罪矣臣不佞
不能負羈絏以從扞牧圉臣之

不能負羈紲以從扞牧圉臣之罪一也有出者有居者出謂衎居謂剽也臣不能貳通外内之言以事君臣之罪二也有二罪敢忘其死乃行從近關出公使止之傳言衛侯不能安和大臣衛人侵戚東鄙以林父叛故也孫氏愬于晉晉戍茅氏茅氏戚東鄙

衛人侵戚東鄙叛故也孫氏愬于
晉戍茅氏茅氏戚東鄙也殖綽伐茅氏
殺晉戍三百人殖綽齊人今来在衛孫蒯追
之弗敢擊文子曰厲之不如厲惡鬼也
遂從衛師敗之圉蒯感文言更還逐殖綽也圉衛
地也雍鉏獲殖綽雍鉏孫氏臣復愬于晉
為下晉討陳

也

為下晉討鄭伯賞入陳之功入陳

衛張本也在前

年

三月甲寅朔享子展賜之先路

也

三命二服

先路次路皆王所賜車

之總名蓋請之於王也

以路及命服為邑先

先八邑

也八邑三十二井

賜子

産次路再命之服先六邑子産辭

産次路再命之服先六邑子産辭
邑曰自上以下降殺以兩礼也臣
之位在四上卿子展次卿子西十一年良霄見經十九年
乃立子産為卿故位在四者也且子展之功也臣
不敢及賞礼請辭邑賞礼以礼見賞謂六邑也
公固予之乃受三邑位次當受二邑以公固与
之故受

公固之乃受三邑　邑以公固与
之故受三邑也公孫揮曰子產其將知政
矣　知國政也讓不失禮晉人為孫氏故
召諸侯將以討衛也夏中行穆子
來聘召公也　召公為澶淵會楚子秦人侵
吳及雩婁聞吳有備而還　雩婁縣今屬安
豐

[illegible]

豊[illegible]遂侵鄭五月至于城麇鄭皇

頡戍之皇頡鄭大夫守城麇之邑出與楚師戰

敗穿封戌囚皇頡公子圍與之爭之

之公子圍共王子靈王也正於伯州犁正曲直也

伯州犁曰請問於囚乃立囚伯州

[illegible]

伯州犁曰請問於囚乃立囚伯州

犁曰所爭君子也其何不知言王子圍

及穿封戌皆非細人易別識也上其手曰夫子為

王子圍寡君之貴介弟也介大也下

其手曰此子為穿封戌方城外之

縣尹也誰獲子上下手以道因之意囚曰頡

[illegible]

賜之也言稱之 道因之意 因日吉

遇王子弱焉 弱敗也言為戌怒抽

戈逐王子圍弗及楚人以皇頡歸 王子所得也

印堇父與皇頡戍城麇 印堇父鄭大夫 楚

人囚之以獻於秦鄭人取貨於印

氏以請之子大叔為令正 主作辭令之正

之……謂大叔辭

[illegible]以詣立之大[illegible]令之正

之也以為請子產曰不獲謂大叔辭以貨請堇

父必不得受楚之功而取貨於鄭不可

謂國秦不其然受楚獻功大者也以貨免之小利故

謂秦不然若曰拜君之勤鄭國微君之

惠楚師其猶在敝邑之城下其可

[illegible]

惠楚師其猶在敝邑之城下其可
辭如此葦又可得也弗從遂行秦人不予更
幣從子產而後獲之更遣使執幣用子產辭乃
得葦文傳稱子產之善也
六月公會晉趙武宋
向戌鄭良霄曹人于澶淵以討衛
疆戚田正戚之封疆也取衛西鄙懿氏六
十以與孫氏戚城西北五十里有

疆居良反注同田封疆也取衛西鄙懿氏六
十以與孫氏戚城西北五十里有懿城曰姓以名城也
取田六十井也趙武不書尊公也罪武會公侯也
向戌不書後也後會期也鄭先宋不失
所也如期至也於是衛侯會之晉將執之不得
與會故不書也晉人執甯喜北宮遺使女
齊以先歸討其弒君伐孫氏也遺

不書也晉人執寗喜北宮遺使女
齊以先歸討其弑君伐孫氏也遺
北宮括之子女齊司馬
侯也歸晉而後告諸
侯故經書在秋也衛侯如晉
晉人執而囚之於士弱氏士弱晉主
獄大夫也
秋七月齊侯鄭伯為衛侯故如晉
欲共請
之也晉侯兼享之晉侯賦嘉樂
。嘉樂詩大雅取其嘉樂君子顯

之也[illegible]

矣嘉樂詩大雅取其嘉樂君子顯顯令德宜民宜人受祿于天也

國景子相齊侯景子國弱也賦蓼蕭蓼蕭詩小雅言太平澤及四遠若露之在蕭也以喻晉君恩澤及諸侯也

子展相鄭伯賦緇衣緇衣詩鄭風義取適子之館兮還予授子之粲兮言不敢違遠於晉也叔向命晉

言不敢違遠於晉也　叔向命晉
侯拜二君曰寡君敢拜齊君之安
我先君之宗祧也敢拜鄭君之不
貳也　蓼蕭緇衣二詩所趣各不同故拜二君雜唉異也　國
子使晏平仲私於叔向　私與叔向語也　曰
晉君宣其明德於諸侯恤其患而

晉君宣其明德於諸侯恤其患而
補其闕正其違而治其煩所以爲
盟主也今爲臣執君若之何謂晉爲林
父執衛侯也叔向告趙文子ゝゝ以告
晉侯ゝゝ言衛侯之罪使叔向告
二君言自以殺晉戍三百人爲罪不以林父故國子賦
轡之柔矣逸詩見周書義取寬政

之人爲罪不以林又故臣之身

轡之柔矣

逸詩見周書義取寛政以安諸侯若柔轡之御

剛馬

也

子展賦將仲子兮

將仲子兮詩鄭風義

取衆言可畏也衛侯雖別有罪

而衆人猶謂晉爲臣執君也

晉侯乃許歸衛侯叔向曰鄭七穆

罕氏其後亡者也子展儉而壹

子展

鄭子罕之子居身儉而用心壹

罕氏其後亡者也子展儉而壹［展鄭子罕之子居身儉而用心壹鄭穆公十一子子然二子孔三族已亡子羽不爲卿故唯言七穆鄭七之也］初宋芮司徒生女子［芮司徒宋大夫也］赤而毛棄諸堤下共姬之妾取以入［共姬宋伯姬也］名之曰棄長而美平公入夕［平公共姬子也］共

長而美平公入夕〔共姬子也〕

姬與之食公見棄也而視之尤〔尤甚也〕

姬納諸御嬖生佐〔佐元公也〕惡而婉〔婉於阮反〕

〔佐貌惡而心順〕大子痤美而很〔痤貌美而心很戾之也〕

合左師畏而惡之〔合左師向戌也〕寺人惠

牆伊戾為大子內師而無寵〔惠牆伊戾〕

〔戾名〕秋楚客聘於晉過宋

為大子內師而無寵氏伊
戾名　秋楚客聘於晉過宋　上已有秋誤發
也
傳者中間有初不言秋　大子知之
則嫌楚客過在他年也
請野享之公使往伊戾請從之公
曰夫不惡女乎　夫謂太子也　對曰小
人之事君子也惡之不敢遠好之

不敢遠敬以待命敢有貳心乎縱有共其外莫共其内伊戾為太子内師不行恐内侍廢闕也臣請往也遣之至則欿用牲加書徵之詐作盟處為大子反徵驗也而騁告公騁馳也曰大子將為乱既與楚

容盟矣公曰為我子又何求對曰

欲速（言欲速得公位）公使覘之則信有焉

（有盟徵焉）問諸夫人與左師（夫人佐母棄也）則

皆曰固聞之公囚太子ゝゝ曰唯

佐也能免我（以其婉也）召而使請曰日

佐也能免我婉也召而使請曰日
中不來吾知死矣左師聞之聒而
與之語聒讙也呼端反欲使佐失期過期乃縊而死
佐為大子公徐聞其無罪也乃亨
伊戾左師見夫人之步馬者步馬習馬
問之對曰君夫人氏也左師曰誰

問之對曰君夫人氏也左師曰誰
為君夫人余胡弗知圉人歸以告
夫人〻〻使饋之錦與馬先之以
玉以玉為錦馬之先也曰君之妾棄使其獻
左師改命曰君夫人而後再拜稽
首受之左師令使者改命也傳言宋公闇左師諛大子所以
无罪而　鄭伯歸[illegible]請衛[illegible]

宋公聞左師請太子□以

无罪而鄭伯歸自晉請衛侯歸使子西

死也如晉聘辭曰寡君來煩執事懼不

免於戾言自懼共敬於大國而得罪也使夏謝不

敏夏子西名君子曰善事大國將求於人必先

下之言鄭所以能自安也初楚伍參與蔡太師

子朝友其子伍舉與聲子相善也

以能自安也
子朝文其子伍擧與聲子相善也
（聲子〻朝之子也伍擧子胥祖父椒擧也）伍擧娶於王
子牟王子牟爲申公而亡（獲罪出奔）楚
人曰伍擧實送之伍擧奔鄭將遂
奔晉聲子將如晉遇之於鄭郊班
荊相與食而言復故（班布也布荊

聲子將如晉遇之於鄭郊班
荊相與食而言復故班布也布荊坐地也共議
歸楚事朋友世親也聲子曰子行也吾必
復子及宋向戌將平晉楚平在明年聲
子通使於晉為國通平事也還如楚令尹
子木與之語問晉故焉故事且曰晉
大夫與楚孰賢對曰晉卿不如楚

在裏

大夫與楚孰賢對曰晉卿不如楚

其大夫則賢皆卿材也如杞梓皮

在裏

草自楚往也杞梓皆木名也雖楚有材晉

實用之言楚士臣多在晉子木曰夫獨無

族姻乎夫謂晉也對曰雖有而用楚材

於女晉也對曰雖有而用楚材
實多歸生聞之歸生聲子名也善為國者
賞不僭而刑不濫賞僭則懼及淫
人刑濫則懼及善人若不幸而過
寧僭無濫與其失善寧其利淫無
善人則國從之從之亡也詩曰人之云
亡邦國殄瘁無善人之謂也

善人則國從之云〃也詩曰人之云
亡邦國殄瘁無善人之謂之謂也
詩大雅也殄盡也瘁病也徒典反在醉反
故夏書曰與其殺不
辜寧失不經懼失善也逸書也不經不用常
法也
商頌有之曰不僭不濫不敢怠
皇命于下國封建厥福詩商頌言殷湯賞不
僭也刑不濫〃不敢怠懈[illegible]

皇命于下國封建厥福殷湯賞不
僭巻刑不濫溢不敢怠解自寛山
暇故能為下國所命為天子
湯所以獲天福也古之治民者勸
賞而畏刑樂行賞而憚用刑恤民不倦賞
以春夏刑以秋冬順天時也是以將賞
為之加膳ゝゝ則飫賜飫饜也酒食賜下無
不饜足所

[illegible]賜[illegible]食賜下無（于偽反下之不舉同）（於據反）
不饜足所謂加膳也此以知其勸賞也將刑
為之不舉〻〻則徹樂不舉盛饌也（士眷反）此
以知其畏刑也夙興夜寐朝夕臨（如字）
政此以知其恤民也三者礼之大
節也有礼無敗今楚多淫刑其大

貨也有禮無敗今楚多淫刑其大
夫逃死於四方而為之謀主以害
楚國不可救療所謂不能也療治也所
謂楚人不能用其材也子儀之亂析公奔晉
在文十四年也晉人寘諸戎車之殿以為
謀主殿後軍也繞角之役晉將遁矣析

謂主軍也繞角之役晉將遁矣析行困反
公曰楚師輕窕易震蕩也若多鼓
鈞聲以夜軍之鈞同其聲楚師必遁晉徐勅堯反又通弔反
人從之楚師宵潰晉遂侵蔡襲沈
獲其君敗申息之師於桑隧獲申
麗而還成六年晉欒書救鄭與楚師遇於繞角楚師還晉侵力馳反
沈獲沈子八年復侵

麗（力馳反）而還師遇於繞角楚師還晉侵
沈獲沈子八年復侵（扶又反）
楚敗申息獲申麗也鄭於是不敢
南面楚失華夏則析公之為也雍
子之父兄譖雍子君與夫人不善
是也不是其曲直也雍子奔晉晉人與之
鄐鄐晉邑也（許六反　徐又超六反）以為謀主彭城之役晉楚
又　在成十　卜

遇於靡角之谷在成十八年晉將遁矣
雍子發命於軍曰歸老幼反孤疾
二人從歸一人簡兵蒐乘簡擇秣
馬蓐食師陳焚次次舍也焚舍示必死明日
將戰行歸者而逸楚囚欲使楚知之也楚

將戰行歸者而逸楚囚知之也楚
師宵潰晉降彭城而歸諸宋以魚
石歸在元年矣楚失東夷子辛死之則
雍子之為也楚東小國及陳見楚不能救彭城皆叛五
年楚人討陳叛故殺令尹子辛子反與子靈爭夏
姬子靈巫臣而雍害其事於葛反注同子反亦雍害巫臣不使得

女巫臣而雍害其事巫臣不使得
取夏姬也子靈奔晉〻人與之邢邢晉邑也
以為謀主扞禦北狄通吳於晉教
吳叛楚教之乘車射御驅侵使其
子狐庸為吳行人焉吳於是伐巢
取駕克棘入州來駕棘皆楚邑也譙國酇縣東北
有棘楚罷於奔命至今為患則

譙國酇縣東北
有棘亭也
楚罷於奔命至今為患則子
靈之為也
事見成七年也
若敖之乱伯賁
之子賁皇奔晉〻人與之苗
若敖乱在宣四年
苗晉邑
以為謀主鄢陵之役
在成十六年也
楚晨壓晉軍而陳晉將遁矣苗

也楚晨壓晉軍而陳 本文反献於甲反徐於輒反 直覲反下成陳井注同 晉將遁矣苗
賁皇曰楚師之良在其中軍王族
而已 言楚之精卒 子忽反 唯在中軍也 若塞井夷竈 二字才ナ可讀
成陳以當之 以爲陳也 塞井夷竈 欒范易行 以豉反注及下同 戶郎反注及下同
以誘之 欒書時將中軍范燮佐之 易行謂簡易兵備欲令楚
貪已而不復顧 扶又反下同 二穆之兵也 中行二郤必克二
穆 郤錡時上軍中行偃佐之郤

二穆之兵也

穆　郤錡時上軍中行偃彼佐之郤至佐新軍令此三人分良以政二穆之兵楚子重子辛皆出穆王故也曰二穆也

吾乃四萃於其王族必大敗之　四萃四面集攻之也

晉人從之楚師大敗王夷師熸　夷傷也吳楚之間謂火滅為熸

子反死之鄭叛吳興

謂火滅為熸子辛死之鄭叛吳興
楚失諸侯則苗賁皇之為也子木
曰是皆然矣聲子曰今又有甚於
此者椒舉娶於申公子牟〻〻得戾
而亡君大夫謂椒舉女實遣之懼
而奔鄭引領南望曰庶幾赦余亦

而奔鄭引領南望曰庶幾赦余亦
弗圖也言楚亦不以為意也今在晉矣晉人
將與之縣以為比叔向以舉材能比叔向也
彼若謀害楚國豈不為患子木懼
言諸王益其祿爵而復之聲子使
椒鳴逆之椒鳴伍舉子也傳言聲子有辭伍舉以所得反子孫
復仕於

杜曰鉏有辭伍舉以所得反子孫役仕於楚也許靈公如楚請伐鄭十六年晉伐許他國皆大夫獨鄭伯自行故許惡欲報之也曰師不興孤不歸矣八月卒于楚楚子曰不伐鄭何以求諸侯冬十月楚子伐鄭為許鄭人將禦之子產曰晉楚

伐鄭鄭人將禦之子產曰晉
將平諸侯將和和在明年楚王是故昧
於一來昧猶貪冒不如使逞而歸乃易
成也逞快也夫小人之性釁於勇而
嗇於禍以足其性而求名焉者非
國家之利也若何從之釁動也嗇貪也言鄭
之欲興楚戰者皆釁勇貪名之人

國家之利也若何從之貪也言鄭之欲與楚戰者皆釁勇貪名之人非能為國討慮久利不可從之也

子展說不禦寇十二月乙酉入南里墮其城南里鄭邑涉於樂氏樂氏津名門于師之梁鄭城門矣縣門發獲九人焉涉于汜而歸於汜城下涉汝水南歸也而後葬

涉于汜而歸（汝水南歸也）而後葬
許靈公（卒靈公之志）衛人歸衛姬
于晉乃釋衛侯（衛侯以女說晉而後得免）君子
是以知平公之失政也（傳言晉之衰矣）晉
韓宣子聘于周王使請事（問何事來聘也）
對曰晉士起將歸時事於宰旅無
（起宣子名也禮諸侯大夫

對曰晉士起將歸時事於宰旅無
他事矣　起宣子名也礼諸侯大夫
入天子國稱士時事四時
貢職宰旅冢宰之下士言獻
職貢於宰旅不敢斥尊者　王聞
之曰韓氏其昌阜於晉乎辭不失
舊　阜大也傳言周衰諸侯莫　齊人
能如礼唯韓起不失舊也
城郟之歲　在二十四年　其夏齊烏餘以
烏餘齊大夫也廩丘今

四年

廩丘奔晉烏餘齊大夫也廩丘今東郡廩丘縣故城是也

襲衛羊角取之今廩丘縣所治羊角城是也遂

襲我高魚高魚城在廩丘縣東北也有大雨自

其竇入而故水竇闕之也介于其庫入高魚庫

而介其甲以登其城克而取之取魯高魚无所

諱而不書其

又取邑于宋於是范

其甲以登其城克而取之魚无所
諱而不書其義未聞之也又取邑于宋於是范
宣子卒宣子范匄諸侯弗能治也及趙
文子為政乃卒治之文子言於晉
侯曰晉為盟主諸侯或相侵也則
討而使歸其地今烏餘之邑皆討
言於此類

討所侵取其地今烏餘之邑皆討

類也言於比類而貪之是無以為

宜見討也

盟主也請歸之公曰諾孰可使也

對曰胥梁帶能無用師晉侯使往

胥梁帶晉大夫也能

不用師言有權謀也

經二十有七年春齊侯使慶封來聘

經二十有七年春齊侯使慶封來聘景公即位通嗣君也夏叔孫豹會晉趙武楚屈建蔡公孫歸生衞石惡陳孔奐鄭良霄許人曹人于宋案傳會者十四國齊秦不交相見邾滕為私屬皆不與盟宋為主人地於宋則與盟可知故經惟序九國大夫也楚先晉歃而書先晉貴信也陳於晉會常在衞上

不書先晉貴信也晉會常不
衛上孔奐非卿
故在石惡下也衛殺其大夫甯喜
甯喜弑剽立衎〻今雖不以弑剽
致討於大義宜追討之故經以國
討為文書名也書
在宋會下從赴也衛侯之弟鱄出
奔晉矣衛侯始者去政由甯氏祭
則寡人而今復患其專緩
咎免餘既負其前信且不能友于
賢弟使至出奔故書弟以罪兄也

賢弟佚至出奔故書弟以罪兄也
秋七月辛巳豹及諸侯之大夫盟
于宋叜會之大夫也豹不倚順以
顯弱命之君而難小是以自
從故以違命貶之
釋例論之備矣冬十有二月乙
卯朔日有食之今長歷推十一月
日辰在申再失閏若是十二月朔非十二月也傳
則為三失閏故知經誤也
傳
二十七年春胥梁帶使諸喪邑者

則為三共閏故知經誤也

傳二十七年春齊胥梁帶使諸喪邑者具車徒以受地必周諸喪邑謂齊魯宋也周密也必密來勿以受地為名之使烏餘具車徒以受封烏餘以地來故詐許封之烏餘以其衆出出受封也使諸侯偽效烏餘之封者効致也使齊魯宋偽若而遂執之盡獲

封也仮言仮交飾之封者致

也使齊魯宋偽若致邑封烏餘者也而遂執之盡獲

之皆獲其徒衆矣皆取其邑而歸諸侯諸

侯是以睦於晉傳言趙文子賢故平公雖失政而諸

侯猶睦也齊慶封來聘其車美孟孫謂

叔孫曰慶季之車不亦美乎季慶封弟

字本无

[illegible]

叔孫曰豹聞之服美不稱必以惡

終美車何為叔孫與慶封食不敬

為賦相鼠亦不知也（相鼠詩鄘風也／曰相鼠有皮）

人而無儀人而無儀不死何為慶

封不知此詩為已言其闇甚也為

（明年慶封／來奔傳也）衛甯喜專公患之公孫

（免餘衛）

来奔傳也　傳衛寗喜專公患之公孫

免餘請殺之免餘衛大夫者公曰微寗子

不及此及此反國也吾與之言矣言政由寗

氏也事未可知恐代之未必勝之也祇成惡名

止也祇適也對曰臣殺之君勿與知

乃與公孫無地公孫臣謀二公孫衛大夫

乃與公孫無地公孫臣謀衛大夫
使攻甯氏弗克皆死无地及臣皆死公曰
臣也無罪父子死余矣獻公出時公孫臣之
父為孫氏所殺也夏免餘復攻甯氏殺甯
喜及右宰穀尸諸朝穀不書非卿也石惡
將會宋之盟受命而出衣其尸枕
之股而哭之欲斂以亡懼不免

將會宋之盟受命而出衣（於既反）其尸枕（之鴆反）

之股而哭之欲斂（力驗反）以亡懼不免且

曰受命矣乃行　行會于宋也爲明年石惡出奔傳也

子鮮曰逐我者出　謂孫林父　納我者死

謂寗喜也　賞罰無章何以沮（在呂反）勸君失其

信而國無刑不亦難乎　難以治國也　且

鱄實使寗喜

國也

鱄實使之 使甯喜納君也 遂出奔晉公使止之不可 不肯留矣 及河又使止之止使者而盟於河 誓不還也 託於木門 木門晉邑 不鄉衛國而坐 怨之深也 木門大夫勸之仕不可曰仕而廢其事罪也

勸之仕不可曰仕而廢其事罪也
從之昭吾所以出也將誰愬乎　從之　息路反
謂治其事也事治則明
已出欲仕無所自愬也　吾不可以
立於人之朝矣終身不仕　自禁不仕終身　之矣二字
服音吐外反
公喪之如稅服終身　稅即繐也　喪　息郎反又息浪反　徐云讀
服繐縗裳縷
細而希非五服之常本无月數痛
愍子鮮故特為此服此服无月數
而[illegible]鱄[illegible]
曰

愍子鮮故特為此服此要
而獻公尋薨　公與免餘邑六十辭曰
故言沒身之
唯卿備百邑臣六十矣下有上祿
亂也　比一乘之邑非四井之邑也
論語稱千室又云十室明通
稱　臣弗敢聞命且寧子唯多邑故
死臣懼死之速及也公固與之受
其半以為少師公使為卿辭曰大

[illegible]
其半以為少詩照反師公使為卿辭曰大
叔儀不貳能贊大事贊佐也君其命
之乃使文子為卿文子大叔儀也宋向戌
善於趙晉ーー文子又善於令尹子木楚ーー欲
弭徐亡婢反諸侯之兵以為名欲獲息民之名如晉
[illegible]

告趙孟趙孟謀於諸大夫韓宣子
曰兵民之殘也財用之蠹　蠹害物也
小國之大菑也將或弭之雖曰不
可必將許之　言雖知兵不得久弭今不可不許也
弗許楚將許之以召諸侯則我失

弗許楚將許之以召諸侯則我失
為盟主矣晉人許之如楚〻亦許
之如齊〻人難之陳文子曰晉楚
乃旦反下懼難同
許之我焉得已且人曰弭兵而我
於虔反下將ー用之ー用有信能皆同
弗許則固攜吾民矣將焉用之齊
人許之告於秦〻亦許之皆告於

一本无武字有文子二字

小國爲會於宋五月甲辰晉趙武至於宋丙午鄭良霄至六月丁未朔宋人享趙文子叔向爲介司馬

以折俎禮也　折俎體解節折升之於俎合卿享宴之禮

故曰禮也周禮司馬掌會同之事也

仲尼使舉是禮

沈云舉謂記録之也

宋向戍自美弭兵

録之也

馬掌會同之事也

也以為多文辭　宋向戌自美弭兵之意敬逆趙武趙

武叔向曰享宴之會展賓主之辭故仲尼以為多文辭也　戊申叔孫

豹齊慶封陳須無衛石惡至　須无陳文

子也　甲寅晉荀盈從趙武至　趙武命盈追已

故言從趙武也後

武遣盈如楚也　丙辰邾悼公至

小國故君　壬戌楚公子黒肱先至

武遣盈如楚也

小國故君自來也壬戌楚公子黒肱先至成言於晉時令尹子木上陳遣黒肱就晉大夫成盟載之信兩相然可也丁卯宋向戌如陳從子木成言於楚就於陳成楚之要言戊辰滕成公至亦小國君自來子木謂向戌請晉楚之從交相見也使諸侯從晉楚

[illegible]君自来[illegible]

從交相見也 使諸侯從晉楚者更相朝見也 庚午

向戌復於趙孟趙孟曰晉楚齊秦

匹也晉之不能於齊猶楚之不能

於秦也 不能服而使之 楚君若能使秦君

齊君 或本

辱於敝邑寡君敢不固請於

[illegible]請齊使[illegible]

敝邑寡君敢不固請於

齊請齊使朝楚也壬申左師復言於子木

子木使馹謁諸王馹傳也謁告也王曰釋

齊秦他國請相見也經所以不書齊秦也秋

七月代寅左師至從陳還也是夜也趙

孟及子晳盟以齊言子晳公子黑肱也素要齊

其辭[illegible]盟時不

孟及子晳盟以齊言肱也素要齊其辭至盟時不得復訟爭者也庚辰子木至自陳陳孔奐蔡公孫歸生至二國大夫与子木俱至也曹許之大夫皆至以藩為軍示不相忌晉楚各處其偏晉處北楚處南伯夙謂趙孟伯夙荀盈曰楚氛甚惡懼難氛氣也言楚有襲

趙孟荀盈曰楚氛甚惡懼難氛氣也言
楚有襲晉之氣趙孟曰吾左還入於宋若
我何營在宋北東頭為上故晉營在東有急可左迴入宋東門
辛巳將盟於宋西門之外楚人衷
甲甲在衣中欲因會擊晉也伯州犁曰合諸侯
之師以為不信無乃不可乎夫諸

之師以爲不信無乃不可乎夫諸
侯望信於楚也是以来服若不信
是棄其所以服諸侯也固請釋甲
子木曰晉楚無信久矣事利而已
苟得志焉ㄟ用有信大宰退大宰伯州
犂也告人曰令尹將死矣不及三年

也

求逞志而棄信志將逞乎志以發

言〻以出信〻以立志參以定之

志言信以三者具而後身安存也

信亡何以及三

為明年子木死起本

趙孟患楚衷甲以告叔

向〻曰何害也匹夫一為不信

單盡也

猶不可也單斃其死單盡也若合斃踣也

諸侯之卿以為不信必不捷矣食

言者不病不病者單斃於死也非子之患也

楚食言當死晉不食言故困充患也夫以信召人而

以僭濟之濟成也必莫之與也安能

為楚所病

以僭濟之 子念反 不信反 也
害我且吾因宋以守病 為楚所病
則欲入宋
城則夫能致。與宋致死雖信楚可
矣 宋為地主致死助
也 我則力可倍楚也 子何懼焉文
不及是曰弭兵以召諸侯而稱兵
以害我 稱舉 吾庸多矣非所患也
也
晉獨取信

以守我也　吾庸多矣非所患也

晉獨取信故其功多　季武子使謂叔孫以公命曰視邾滕　兩事晉楚則貢賦重故欲比小國武子恐叔孫不從其言故假公命以敕之也　既而齊人請邾宋人請滕皆不與盟　私屬二國故也　叔孫曰邾滕人之私也我列國也何故

視之宋衛吾匹也

曰邾滕人之私也我列國也何故
視之宋衛吾匹也乃盟故不書其
族言違命也季孫專政於國魯君
非得有命也今君唯
以此命告豹〻宜違大順以顯
弱命之君而遂其小是故貶之晉
楚爭先爭先歃血晉人曰晉固為諸侯
盟主未有先晉者也楚人曰子言

晉楚匹也若晉常先是楚弱也且
晉楚狎主諸侯之盟也久矣也
豈專在晉叔向謂趙孟曰諸侯歸
晉之德只非歸其尸盟也也
子務德無爭先且諸侯盟小國固

子務德無爭先且諸侯盟小國固
必有尸盟者小國主辨具也楚為晉細不
亦可乎欲推使楚主盟之也乃先楚人書先
晉晉有信也蓋孔子追正之也壬午宋公
兼享晉楚之大夫趙孟為客客一
坐所尊也故季孫飲大
夫酒臧紇為客也子木與之言趙

夫滑臧紇為容也十元

孟弗能對使叔向侍言焉子木亦

不能對也乃還宋公及諸侯之大

夫盟于蒙門之外前盟諸大夫不敢敵公礼也今

宋公以近在其國故讓而重盟之故不書蒙門宋城門也十元

子

木問於趙孟曰范武子之德何如

士會賢聞於諸

木問於趙孟曰范武子之德何如
士會賢聞於諸侯故問之也對曰夫子之家事
治言於晉國無隱情其祝史陳信
於鬼神無愧辭祝陳馨香德足副之故不愧也子
木歸以語王〻曰尚矣哉尚上也能
歆神人歆享也使神享其祭人懷其德之也宜其光
五君謂文襄

歆神人祭人懷其德之也宜其光
輔五君以為盟主也　五君謂文襄靈成景也
子木又語王曰宜晉之伯也有叔
向以佐其卿楚無以當之不可與
爭晉荀寅遂如楚涖盟　重結晉楚之好
鄭伯享趙孟于垂隴　自宋還過鄭也　子展伯

伯享趙孟于垂隴 過鄭也 子展伯
有子西子產子大叔二子石從 二子石印段公孫段
趙孟曰七子從君以寵武
也請皆賦以卒君貺武亦以觀七
子之志 詩以言志 子展賦草蟲 草蟲詩
曰未見君子憂心忡忡亦既見止
亦既覯止我心則降以趙孟為君

亦既覯(古豆反 不讀)上我心則降(戸江反又如字注同)以趙孟爲君
子也十九 趙孟曰善哉民之主也 在上不忘降故
可以主民 抑武也不足以當之 辞君伯子也十九 伯
有賦鶉(順倫反)之賁々 鶉之賁々詩鄘風也十九
衛人刺其君淫乱鶉
鵲之不若義取人之無良 趙孟曰
我以爲兄我以爲君也十九
牀笫(側里反)之言不踰閾况(宜武徐况遍反)在野乎非使(爲吏反注同)
人之所得聞也 笫簀也此詩刺淫

牀笫之言不踰閾况在野乎非使

側里反

人之所得聞也第簀也此詩刺淫乱故云牀笫之言

閾門限也使人

趙孟自謂之也

子西賦黍苗之四

章

黍苗詩小雅也四章曰肅〻謝

功召伯營之烈〻征師召伯成

之比趙孟

於召伯也

趙孟曰寡君在矣武何

能焉

推善於其君也

子產賦隰桑

隰桑詩小

雅也……思見君子盡心以事

首醜其君也子產賦隰桑詩小
雅也義取思見君子盡心以事趙
之曰既見君子其樂如何也
孟曰武請受其卒章卒章曰心乎
愛矣遐不謂矣
矣中心藏之何日忘之趙
武欲子產之見規誨也子大叔
賦野有蔓草野有蔓草詩鄭風也
義取其邂逅相遇適
適我願
兮也
趙孟曰吾子之惠也大叔
喜於
相遇故趙孟受其惠印段賦蟋蟀詩

兮也　壽於
相遇故趙孟印段賦蟋蟀詩
受其惠之也唐風也
曰元以大康職思其居好樂无荒
良士瞿瞿言瞿瞿然顧禮儀之也
趙孟曰善哉保家之主也吾有望
矣能戒懼不荒公孫段賦桑扈桑
所以保家也扈
詩小雅也義取君子有禮趙孟曰
文故能受天之祐偕也
匪交匪敖福將焉往此桑扈詩卒

文故能受天之祐備也
匪交匪敖福將焉往此桑扈詩卒
章趙孟曰因
以取其若保是言也欲辭福祿得
義也
乎卒享文子告叔向曰伯有將爲
戮矣詩以言志〻誣其上而公怨
之以爲賓榮言誣則鄭伯未有其
實也趙孟倡賦詩以
自寵故言公怨

之以君[illegible][illegible]實也趙孟倡賦詩以
自寵故言公怨其能久乎幸而後
之以為賓榮也
亡言必先亡叔向曰然已侈所謂不及
五稔者夫子之謂矣稔年也為三
十年鄭殺良
霄傳文子曰其餘皆數世之主也
也子展其後亡者也在上不忘降謂
賦
草蟲曰我[illegible]

子展其後亡者也在上不忘降賦

草虫曰我心則降也印氏其次也樂而不荒

謂賦蟋蟀曰好樂无荒也樂以安民不淫以使

之後亡不亦可乎宋左師請賞曰

請免死之邑欲宋君稱功加厚賞故謙言免死之邑也

公與之邑六十以示子罕子罕曰

凡諸侯小國晉楚所以兵威之畏

而後上下慈和〻〻而後能安靖

其國家以事大國所以存也無威

則驕〻則亂生亂生必滅所以亡

也天生五材金木水火土也民並用之廢

也天生五材火土也民並用之廢
一不可誰能去兵之設久矣所
以威不軌而昭文德也聖人以興
謂湯武也亂人以廢謂桀紂也廢興存亡昏
明之術皆兵之由也而子求去之
不亦誣乎以誣道蔽諸侯罪莫大
焉縱無大討而又求賞無厭之甚

不亦誣乎以誣道蔽（蔽必世反徐甫世反服虔王肅董遇並作弊婢世反云踣也）諸侯罪莫大焉縱無大討而又求賞無厭（厭於鹽反徐於廉反）之甚也削而投之（削賞左師之書）左師辭邑（辤本亦）向氏欲攻司城（司城子罕）左師曰我將亡夫子存我德莫大焉又可攻乎君子曰彼己之子邦之司直（詩鄭風司主也）樂喜之謂乎（樂喜子罕也善

子曰彼己之子邦之司直 司主也
樂喜之謂乎 樂喜子罕也善其不阿向戌也 何以
恤我〻其收之 逸詩也恤憂也收取也 向戌
之謂乎 善向戌能知其過也 齊崔杼生成及
彊而寡 偏喪曰寡〻特也 娶東郭姜生明
東郭姜以孤入曰棠無咎 无咎棠公之子
東郭偃

東郭姜以孤入曰棠无咎　棠公之子

與東郭偃相崔氏　東郭偃姜之弟　崔成有

疾而廢之　有惡疾也　而立明成請老于

崔　濟南東朝陽縣西北有崔氏城　成欲居崔邑以終老也之也

崔子許之偃與无咎弗予曰崔宗

邑也必在宗主　宗邑宗廟所在也　宗主謂崔明也

者也以[illegible]宗主謂崔明也

成與彊怒將殺之告慶封曰夫子

之身亦子所知也唯無咎與偃是

從父兄莫得進矣大恐害夫子敢

以告夫子謂崔杼也慶封曰子姑退吾圖

之告盧蒲嫳普结反徐敷結反嫳慶封屬大夫也封以成彊之言告嫳也

彼君之讎也天或者將

言慶封以成彊之言告嬰也
盧蒲嫳曰彼君之讎也天或者將
棄彼矣彼實家亂子何病焉君謂齊莊
公也為崔杼所弒也崔之薄慶之厚也崔敗
則慶專權他日又告成彊復告慶封曰苟利
夫子必去之難吾助女九月庚辰

[illegible]

崔成崔彊殺東郭偃棠無咎於崔

氏之朝崔子怒而出其衆皆逃求

人使駕不得使圉人駕寺人御而

出圉人養馬者也寺人奄士也且曰崔氏有福

止余猶可恐戚家禍不止其身遂見慶封

[illegible]言如[illegible]

止余猶可不止其身遂見慶封
ゝ曰崔慶一也言如一家是何敢然請
為子討之使盧蒲嫳帥甲以攻崔
氏ゝゝ堞其宮而守之堞短垣使其衆居短
垣內以守也弗克使國人助之遂滅崔
氏殺成與彊而盡俘其家其妻縊
妻東郭[illegible]

氏殺成與彊而盡俘其家其妻縊妻東郭姜也嫳復命於崔子且御而歸之嫳為崔子御也至則無歸矣乃縊終入於其宮不見其妻為也崔明夜辟諸大墓開先人之冢以藏之也辛巳崔明來奔慶封當國當國秉政楚薳罷如晉涖盟罷令尹子蕩也報荀

東政[illegible]蕩也報荀
盈晉侯享之將出賦既醉既醉詩
也　大雅也
曰既醉以酒既飽以德君子万年
介大也尒景福以美晉侯比之太平君
子也
叔向曰薳氏之有後於楚國也
宜哉承君命不忘敏子蕩將知政
矣敏以事君必能養民政其焉往
言政[illegible]在二十[illegible]

矣毋以事君必育養民政其惡從
言政必歸之也崔氏之亂在二十五年申鮮虞
来奔僕賃於野以喪莊公為齊莊公服喪
服也冬楚人召之遂如楚為右尹傳言
楚能用賢十一月乙亥朔日有食之辰
在申司歷過也再失閏矣謂斗建指申周
十一月今之九月斗當建戌而在

在申司歷過也再失閏矣指申周

十一月今之九月斗當建戌而在

申故知再失閏也文十一年三

月甲子至今年七十一歲應有二

十六閏今長歷推得二十四閏通

計以再閏也釋例

言之詳矣

經

二十有八年春無冰前年知其再

失閏頓置兩

閏以應天正故此年正月建

子得以無冰為災而書迻也

夏衛

寗喜之黨

子得以無氷為災而書之也

石悪出奔晉甯喜之黨書名悪之邾子来朝

秋八月大雩仲孫羯如晉告将朝楚冬

齊慶封来奔崔杼之黨耆酒荒淫而出書名罪之也自魯奔呉不書以絶位不為卿也

十有一月公如楚為宋之盟故朝楚也

十有二月甲寅天王崩霊王

[illegible]康王也十二

故朔楚也〇十二月甲寅天王崩靈王也乙未楚子昭卒康王也十二月無乙未日誤也

傳二十八年春無氷梓慎曰今茲宋鄭其饑乎梓慎魯大夫也今年鄭游吉宋向戌言之明年饑甚傳乃詳其事也歲在星紀而淫於玄枵歲〻星也星紀在丑斗牛之次也

詳其事也。歲在星紀而淫於玄枵許驕反
歲々星也。星紀在丑斗牛之次也。
玄枵在子虛危之次也。十八年晉
董叔曰天道多在西北。是歲々星
在亥也。至此年十二歲。故在星紀
也。明年乃當在玄枵。今已在玄枵、淫行失次。以有時菑
陰不堪陽。時菑無冰也。盛陰用事而温無冰、是陰不勝陽、
地氣發洩。蛇乘龍。蛇玄武之宿、虛危之星。龍歲星。々々木也。
木爲青龍。失次出虛

發洩蛇玄宿星龍歲星々々木也
木為青龍失次出虛危下為蛇所乘也
龍宋鄭之星也
歲星本位在東方々々房心為宋角亢為鄭故以龍為宋鄭之星也
宋鄭必饑玄枵虛中也
玄枵三宿虛星在其中也
枵耗名也土虛而民耗不饑何為
歲為宋鄭之星今失常淫入虛耗之次時復無冰地氣發洩故曰土虛

何為虛耗之次時復無冰地氣發
洩故曰土虛　夏齊侯陳侯蔡侯北
民耗之也
燕伯杞伯胡子沈子白狄朝于晉
宋之盟故也陳侯蔡侯胡子沈子楚屬也宋盟曰晉楚
之從交相見故朝晉矣北燕國今薊縣是　齊侯將行慶
封曰我不與盟何為於晉矣以宋盟釋
齊秦……事

封曰我不與盟何爲於晉宋盟釋齊秦之也陳文子曰先事後賄禮也事大國當先從其政事而後薦賄以副己心也小事大未獲事焉從之如志禮也言當從大國請事以順其志矣雖不與盟敢叛晉乎重丘之盟未可忘也子其勸行重丘盟在二十五年

也衞人討甯氏之黨故石惡

盟□可書也二子□□二十五年

也衛人討甯氏之黨故石惡出奔
晉衛人立其從子圃以守石氏之
祀禮也石惡之先石碏有大功於
衛國惡之罪不及不祀故
曰
禮
邾悼公來朝時事也傳言來朝
非宋盟宋盟
唯施於朝
晉楚也
秋八月大雩旱也蔡侯

晉楚也秋八月大雩旱也蔡侯
歸自晉入于鄭〻伯享之不敬子
產曰蔡侯其不免乎不免禍也日其過
此也往日至晉時君使子展廷勞於東
門之外而傲廷往也吾曰猶將更之
今還受享而惰乃其心也君小國而

今還受享而惰徒臥反乃其心也君小國而古本无小字

腹心或本

事大國而惰傲五報反下同以為己心將得死

乎若不免必由其子其為君也淫

而不父通太子班之妻僑聞之如是者恒

有子禍為三十年蔡世子班弒其君傳也孟孝伯魯

如晉告將為宋之盟故如楚也晉

如晉告將宋之盟故如楚也　晉
屬故告晉而行也　蔡侯之如晉也鄭伯使
游吉如楚及漢楚人還之曰宋之
盟君實親辱　君謂鄭伯也　今吾子來寡
君謂吾子姑還吾將使馹奔問諸
晉而以告　問鄭君應來朝否也　子大叔曰宋

吾所以告下来朝者也　子大叔曰宋
之盟君命將利小國而亦使安定
其社稷鎮撫其民人以禮承天之
休休福祿也此君之憲令而小國之望
也憲法也寡君是故使吉奉其皮幣
聘用乘皮東帛以歲之不易聘於下執事
[illegible]

皮東帛以歲之不易聘於下執

言歲有饑荒之難故
鄭伯不得自朝楚也

令執事有命

曰女何與政令之有必使而君棄

而封守跋涉山川蒙犯霜露以逞

白末反草行為跋水行為涉

君心小國將君是望敢不唯命是

聽無乃非盟載之言以闕君德而

無乃非盟載之言以闕君德而
執事有不利焉小國是懼不然其
何勞之敢憚子大叔歸復命告子
展曰楚子將死矣不脩其政德而
貪昧於諸侯以逞其願欲久得乎
周易有之在復䷗震下坤上復之頤䷚
震下艮上頤復上六……復上

周易有之在復☷上復也之頤☶震下艮上頤復上之上六變得頤也曰迷復凶復上六爻辭也復反也極陰反陽之卦也上處極位迷而復反共道已遠ゝ而無應故凶其楚子之謂乎欲復其願謂欲得鄭朝以復其願也而棄其本不脩德也復歸無所是謂迷復共道已遠又無所歸能無凶乎

君其往也送葬而歸以快楚心言楚子必死君往當送其葬也楚不幾十年未能恤諸侯也幾近也言共道已遠者復之亦難也吾乃休吾民矣休息也言楚不能復為害裨竈曰今茲周王及楚子皆將死裨竈鄭大夫也歲棄

其次而旅於明年之次以害鳥帑

周楚惡之旅客處也歲星棄星紀之次客在玄枵也歲星所在其國有福失次於北禍衝在南〻為朱鳥〻尾曰帑鶉火鶉尾周楚之分故周王楚子受其咎也俱論歲星過次梓慎則曰宋鄭饑裨竈則曰周楚王死傳故備舉以示卜占唯人所在也

九月

舉以示卜占唯人所在 存也 大
鄭游吉如晉告將朝于楚以從宋
之盟子産相鄭伯以如楚舍不
爲壇 至敵國郊除地封土爲壇以受郊勞也 外僕言
曰昔先大夫相先君適四國未嘗
不爲壇 外僕掌次舍者 自是至今亦皆循
之今子草舍無乃不可乎子産

[illegible]次舍者自是至今亦皆循

之今吾子草舍無乃不可乎子產

曰大適小則為壇小適大苟舍而

已焉用壇僑聞之大適小有五美

太本无　用於反下一用盟背月

宥其罪戾赦其過失救其菑患賞

其德刑刑法教其不及小國不困

懷服如歸是故作壇以昭其功宣

懷服如歸是故作壇以昭其功宣
告後人無怠於德怠懈也小適大有
五惡說其罪戾自解說也請其不足行
其政事奉行大國之政共其職貢從其時
命從朝會之命也不然則重其幣帛以賀

命之命也不然則重其幣帛以賀
其福而弔其凶皆小國之禍也焉
用作壇以昭其禍所以告子孫無
昭禍焉可也無昭禍以告子孫也齊慶封好田
而耆酒與慶舍政舍慶封子也慶封當國不自為
政以付舍則以其內實遷于盧蒲嫳氏
[illegible]內實寶物妻妾也

付舍

易內而飲酒（內實寶物妻妾也移而居嫳家）數日國遷朝焉（就於盧蒲代朝見封也）使諸亡人得賊者以告而反之（亡人辟崔代之難出奔者）故反盧蒲癸〻臣子之（子之慶舍）有寵妻之（子之以其女妻癸矣）慶舍之士謂盧

[illegible]女妻癸[illegible]

七計反注及下注同

盧蒲癸曰男女辨姓子不辟宗何也

娶本作

辨別也別姓而後可相取曰宗不余

彼列反下同　七住反本又作娶

慶氏盧蒲氏皆姜姓也

辟言舍欲避妻已也

避本作

余獨焉辟之賦詩斷章

丁亂反

余取所求焉惡識宗乎言己苟欲有求於慶

六鳥反惡之注同

氏不能復顧礼譬如賦詩者取其一章而已也癸言王何

乎字一本宗字下有乎字

而反之二人皆嬖二子皆莊公黨

詩者取其一章而已也　[illegible]
而反之二人皆嬖　二子皆莊公黨十五年崔氏
弑莊公癸何出奔今還求寵
於慶氏欲爲莊公報讎也　使執
寢戈而先後之　寢戈親近兵杖　公膳日
雙雞　卿大夫之膳食　饔人竊更之以鶩御
者知之則去其肉而以其洎饋進
食者也饔人御者欲使諸大夫怨

食者也饔人御者欲使諸大夫怨慶氏減其膳也蓋盧蒲癸王何之謀也子雅子尾怒二子皆惠公孫慶封告盧蒲嫳以二子怒告嫳盧蒲嫳曰譬之如禽獸吾寢處之矣言能殺席其皮而使析歸父告晏平仲欲与共謀子雅子尾平仲曰嬰

……子雅子尾……
之衆不足用也知無能謀也言弗
敢出〔不敢洩謀也〕有盟可也子家曰子
之言云〔子家析歸父也〕又焉用盟告北郭
子車〔子車齊大夫也〕子車曰人各有以事
君非佐之所能也〔佐子車名〕陳文子謂
桓子〔桓子文子之〕曰禍將作矣吾

君非佐之所能也車若陳文之言

桓子桓子文子之子無宇也曰禍將作矣吾其何得對曰得慶氏之木百車於莊莊慶封時有此木積於六軌之道文子曰可慎守也已善其不志於貨財也盧蒲癸王何卜攻慶氏示子之兆龜兆曰或卜攻讎敢

慶氏示子之兆曰或卜攻讎
敢獻其兆子之曰克見血冬十月慶
封田于萊陳無宇從丙辰文子使
召之請曰無宇之母疾病請歸慶
季卜之封　季慶　示之兆曰死奉龜而
泣無宇泣也乃使歸慶嗣聞之嗣慶封之族也
子家慶

慶嗣繼嗣之嗣本或作慶嗣誤

之闕本或
作慶闕誤

泣 泣也 之族也

曰禍將作矣謂子家速歸 子家慶封字也

禍作必於嘗 嘗秋祭也 歸猶可及也子

家弗聽亦無悛志 悛改寤也 子息曰亡

矣幸而獲在吳越 子息慶嗣 陳無宇濟

水而戕舟發梁 戕殘壞也不欲慶封得救難也 盧

慶封得政難也　乃旦反下小難同

蒲姜謂癸曰有事而不告我必不捷矣姜癸妻慶舍女癸告之告欲殺慶舍也姜曰夫子愎莫之止將不出我請止之夫子謂慶舍也癸曰諸十一月乙亥嘗于大公之廟慶舍涖事臨祭事也盧蒲姜告之且止之弗聽曰誰敢者遂如

皮逼反

在裏

之廟　衍字

宋元無衍字

二字不可讀

之廟　之廟事也

告之曰上之弗聽曰誰敢者遂出

如公也至公所也麻嬰為尸為祭尸矣慶奊

為上獻上獻先獻者也盧蒲癸王何執寢

戈慶氏以其甲環公宮廟在宮内

陳氏鮑氏之圉人為優優慶氏之

陳氏鮑氏之圉人爲優慶氏之
於衣反 俳皮皆反
馬善驚士皆釋甲束馬而飲
酒且觀優至於魚里魚里〻名也優在魚里就觀之也
欒高陳鮑之徒介慶氏之甲欒子雅高子尾陳〻須無鮑〻國也
子尾抽桷擊扉
音非門扇也
三也桷椽也扉門闔也以桷擊扉爲期也
盧蒲癸自

以桷擊扉為與也
後刺子之王何以戈擊之解其左
肩猶援廟桷動於甍甍屋棟也以俎壺
投殺人而後死言其多力遂殺慶繩麻
嬰慶繩慶集公懼鮑國曰羣臣為君故也
言欲尊公室非為亂陳須無以公歸稅服而
言公懼

室非爲亂

如内宮言公懼於外難慶封歸遇告亂者

丁亥伐西門弗克還伐北門克之

入伐内宮陳鮑在公所故弗克反陳于嶽

嶽里名也請戰弗許遂來奔獻車於季

武子美澤可以鑑光鑑也展莊叔見

魯大

美澤可以鑑也展莊叔見
之魯大夫也曰車甚澤人必瘁宜其亡
也叔孫穆子食慶封〻〻氾祭禮食
有祭示有所先也氾
祭遠散所祭不共也穆子不說使
工為之誦茅鴟工樂師也茅鴟逸詩刺不敬也亦
不知既而齊人來讓讓魯受
慶封也奔吳
句餘

不矣[illegible]所人[illegible]言慶封也奔吳
句餘予之朱方句餘吳子夷末也朱方吳邑也
聚其族焉而居之富於其舊子服
惠伯謂叔孫曰天殆富淫人慶封
又富矣穆子曰善人富謂之賞淫
人富謂之殃天其殃之也其將聚
而殲旃殲盡也旃之也為招

人富謂之殃天其殃之也其將聚而殲旃矣殲盡也旃之也為昭四年殺慶封傳也癸巳天王崩未來赴亦未書禮也時已聞喪當書故發例也崔氏之亂喪羣公子故公鉏在魯叔孫還在燕賈在句瀆之丘在襄二十一年也及慶氏亡皆召

[illegible]羊也[illegible]慶氏[illegible]

之具其器用而反其邑焉也反還與

別都

晏子邶殿其鄙六十邶殿齊別都也以邶殿邊

鄙六十邑與晏嬰也弗受子尾曰富人之所

欲也何獨弗欲對曰慶氏之邑足

欲故亡吾邑不足欲也益之以邶

[illegible]乃足欲足欲亡[illegible]日矣在外不

宰或作掌
正本云宰猶益也云云
但新加摺本云文也
可案

欲故亡吾邑不足欲也益之以邶
殿乃足欲足欲亡無日矣在外不
得宰吾一邑不受邶殿非惡富也
恐失富也且夫富如布帛之有幅
焉為之制度使無遷也遷移也夫民
生厚而用利於是乎正德以幅之
言厚利皆人之所欲也

生厚而用利於是乎正德以幅之
言厚利皆人之德所欲也使無黜
雅正德可以為之幅也
嫚黜猶放也謂之幅利ゝ過則為敗吾
不敢貪多所謂幅與北郭佐邑六
十受之與子雅邑辭多受少與子
尾邑受而稍致之致還公也公以為忠

尾邑受而稍致之公也公以為忠

故有寵釋盧蒲嫳于北竟釋放求

崔杼之尸將戮之不得叔孫穆子

曰必得之武王有亂臣十人亂治也

崔杼其有乎不十人不足以葬葬必

須十人崔氏不能令十

人同心故必得之也

既崔氏之

人同心故必得之也[illegible]
臣曰與我其拱璧吾獻其柩
拱璧居勇反徐音恭大璧　柩其救反
於是得之十二月乙亥朔齊人遷
莊公殯于大寢更殯之於路寢也十二月戊戌朔乙
亥誤也
以其棺尸崔杼於市崔氏弑莊公又
葬不如礼故以莊公棺著崔杼尸邊以章其罪也國人猶
[illegible]始求崔杼之尸

崔杼尸還以章其罪之國人猶

知之皆曰崔子也始求崔杼之尸不得故傳云國

人皆知之為千偽反宋之盟故公及宋公陳侯

鄭伯許男如楚公過古禾反鄭〻何伯太本良不在

已在楚也伯有廷勞力報反於黃崖本又作涯魚佳反不敬熒陽宛陵

縣西有黃水西南至新鄭城西入洧也穆叔曰伯有

無戾於鄭〻必有大咎伯有不受

新鄭城臣入衛也……

無戾於鄭〻必有大咎伯有不受勞必還爲鄭國害也敬民之主也而棄之何以承守言無以承先祖守其家也鄭人不討必受其辜濟澤之阿言薄丘也行潦之蘋藻言賤菜也寘諸宗室薦宗廟也季蘭尸之敬也言取蘋藻之菜於阿澤之中使服

也寘諸宗室廟也季蘭尸之敬也

言取蘋藻之菜於阿澤之中使服

蘭之女而為之主神猶享之以其

饗本衣

敬

也

敬其可棄乎為三十年鄭殺良霄傳及漢

楚康王卒公欲反叔仲昭伯曰我

楚國之為豈為一人行也昭伯叔仲帶也

子服惠伯曰君子有遠慮小人從

且邇逝之

遑或本誤字有此誤

本作五河反

子服惠伯曰君子有遠慮小人從
邇邇近也飢寒之不恤誰遑恤其後
遑暇也不如姑歸也叔孫穆子曰叔
仲子專之矣言足專任子服子始學者也
言未識遠榮成伯曰遠圖者忠也成伯榮駕
鵞也公遂行從昭伯謀宋向戌曰我一人

也公遂行伯謀宋向戌曰我一人
之為非為楚也飢寒之不恤誰能
恤楚姑歸而息民待其立君而為
之備宋公遂反楚屈建卒趙文子
喪之如同盟礼也宋盟有衷甲之隙不以此廢好
故曰礼也王人來告喪問崩日以甲寅

礼也

吉故書之以蔽過　蔽審也此幾言非有事宜直臣子忿慢故以發例之也

春秋卷第十八

經七千八百一十九字
注五千三百一十字

本奥云

弘長二年四月十九日以家秘説奉

弘長二年六月十九日以家秘説奉
授越州使君尊閤了
前參河守清原在判

右本奥書云
右本ノ奥書云
治承四年仲冬十日於播州重見合家
本了于時關東兵起縁義挙白旗侍
亂觀遷都驚駭前偏獨脊左史類柱
顧之居六義陽之醉後之狂毫而已
大外史在判

文永五年九月廿二日以家本訖

文永五年九月廿二日以外記

大夫本一校畢

本奥云　古本奥云

上総介施筆

甲子之歳霜月廿四日讀合畢

保延六正廿　重合了　朝之揩本畢

此字不被見解

頼―

二平四年六月十日書以[illegible]

仁平四年正月十日未剋以或
本并正義讀合畢　直講 在判
久壽二年九月廿四日辰剋見
合或本畢
長寛二年四月十三日以證本
校合畢　造酒正清原祐安
治承四年仲冬十日於播州重見

治承四年八月十日抄校加墨點與
合家本畢于時関東武起稱義峯
台岳倚乱勸遷都鶴駿前偏獨
嗜左史類杜預之居襄陽也醉
援之極筆而已　大外史（在御判）
治承五年三月八日授良業畢
在御判
壽永三年二月七日重讀畢

壽永三年二月七日重讀畢
良業

建暦二年五月十七日以家秘
說授愚息仲宣畢　助教仲隆

貞應元年五月十六日授仲光畢
仲光者教隆之本名也　在判

天福元年八月廿二日以家之
證本加校點畢　直講清原判

[illegible]

延應二年三月廿五日以家説
授隆尚畢　　　助教（花押）

正嘉元年八月十日書寫畢
　　　　　孔門貫首　在判

正嘉之年九月五日以累代秘
説手自授孫畢雖一字一點不
借他人之手者也于時在花洛

借他人之手者也[illegible]

明經得業生清原直隆

在判

文永六年四月十二日以累家

秘說授越後次郎章閣畢

音博士清原（花押）

一交攏之畢了　于時文永乙丑仲
春於于桐之醉醒軒下　桑門

左傳集解
十九

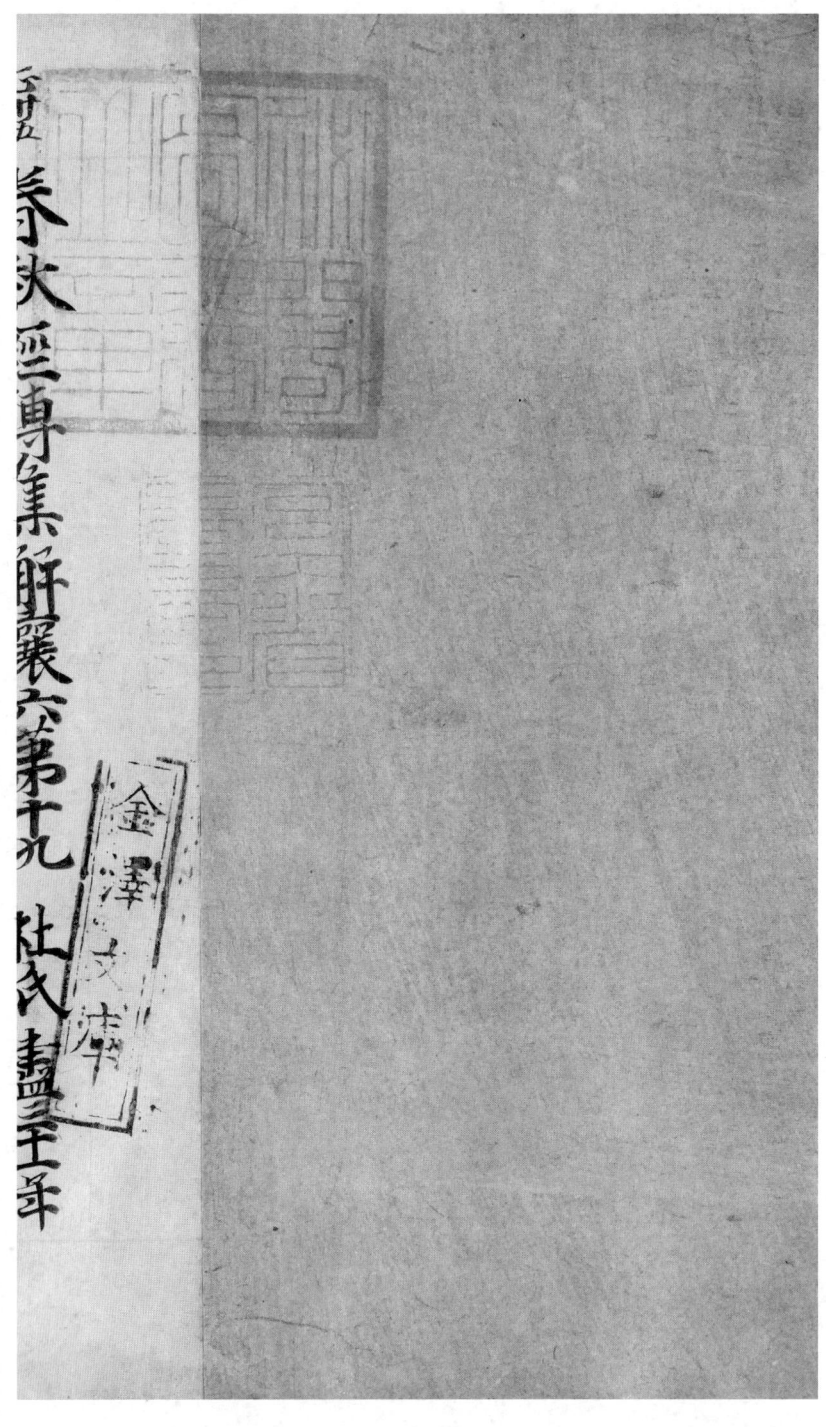

春秋經傳集解襄六第十九　杜氏　盡卅一年

春秋經傳集解襄六第十九　杜氏　盡卅一年

經二十有九年春王正月公在楚　公在外閽朝正之礼甚多而唯書此一年者魯公如楚既非常此公又踰年故發此一事以明常也

夏五月公至自楚

庚午衛侯衎卒　無傳四同盟也

閽弒吳子餘

年衛侯衎之同盟也閽弑吳子餘

祭閽守門者也下賤非士故不言盜也仲孫羯會晉

荀盈齊高止宋華定衛世叔儀鄭

公孫段曹人莒人邾人滕人薛人小

邾人城杞公孫段伯石也三十年伯有死乃命為卿令蓋

以備卿行事晉侯使士鞅來聘杞子來

盟杞復稱子[illegible]吳子

行事

盟札復稱子用夷禮也吳子使札來聘吳子餘祭

既遣札聘上國而後子死札以六月

到魯未聞喪也不稱公子其禮未

同於上國也秋九月葬衛獻公傳無齊高

止出奔北燕止高厚之子也冬仲孫羯如

晉

晉

傳二十九年春王正月公在楚釋不

朝正于廟也

釋觧也告廟在楚觧

公所以不朝正也

楚人使公親襚

諸侯有遣使賵襚

之礼今楚欲依遣

使之

比也

公患之穆叔曰祓殯而襚則

布幣也

先使巫祓除殯之凶邪而

行襚礼與朝而布幣无異

也

□□也行襚禮與朝而布幣无異

也乃使巫以桃茢先祓殯茢黍穰也如羊反鄭注周禮云茢苕帚楚

人弗禁既而悔之禮君臨臣喪乃祓殯故楚悔之也本作

也二月癸卯齊人葬莊公於北郭

兵死不入兆域故葬北郭夏四月葬楚康王公

及陳侯鄭伯許男送葬至于西門

之外諸侯之大夫皆至于墓

及陳侯鄭伯許男送葬至于西門
之外諸侯之大夫皆至于墓楚郟古洽反
敖即位郟敖康王子熊麇九倫反也王子圍為令尹
圍康王弟鄭行人子羽曰是謂不宜必
代之昌松柏之下其草不殖言楚君弱
令尹強物不兩盛為昭元年圍弒郟敖起本矣也公還及
方城季武子取卞邑

年圍弒郟敖赴本矣也　公還及

方城季武子取卞　取卞邑以自益　使公冶　本文作皮彦邑邑

問　問公起居也　公冶季氏屬大夫　璽書追而與之

古徒藨雅云印謂之璽說文作璽從土王者印也籀文從玉

璽印也　曰聞守卞者將叛臣帥徒以

討之既得之矣敢告公冶致使而

所受及注并下注而賞其

退　致使季氏命也　及舍而發書　後聞取卞　聞之也　公曰欲之而言叛

古文本作反多有服字一適也

見疏之　言季氏欲得卞而不胃

後聞取卞聞之也公曰欲之而言叛

祗見疏也言季氏欲得卞而欺我言叛益疏我公謂

公冶曰吾可以入乎以季氏疏己故不敢入也

對曰君實有國誰敢違君公與公

冶冕服以卿服玄冕賞之固辭強之而後

受公欲無入榮成伯賦式微乃歸

式微詩邶風也曰式微式微胡不

受公欲無入榮成伯賦式微乃歸

式微詩邶風也曰式微〻〻胡不歸

式用也微取寄寓之微陋勸公歸

歸也

五月公至自楚公冶致其邑於

季氏 本從季氏得邑故還之也 而終不入焉 不入

季孫家也

曰欺其君何必使余季孫見

之則言季氏如他日不見則終不

大夫

之則言季氏如他日不見則終不
言季氏及疾聚其臣家臣大夫曰我死
必無以冕服斂非德賞也言公畏季氏而
賞其使非以我有德且無使季氏葬我葬靈
王不書魯不會鄭上卿有事子展使印
段往伯有曰弱不可印段年少官卑子展
曰與其莫往弱不猶愈乎詩云

少官卑之服

曰與其莫往弱不猶愈乎詩云王

事靡盬不遑啓處詩小雅也盬不堅固也啓跪也

言王事无不堅固故不暇跪處之也東西南北誰敢

寧處謂上卿也堅事晉楚以蕃王室也

言我固事晉楚乃所以蕃屏王室也王事無曠何常

之有遂……傳言周襄

楚以蕃屏王室也王事無曠何
之有遂使印段如周傳言周衰卑於晉楚吳
人伐越獲俘焉以為閽使守舟吳
子餘祭觀舟閽以刀弒之言以刀明近刑
人也鄭子展卒子皮即位子皮代父為上卿也
於是鄭饑而未及麥民病子皮以
子展之命餼國人粟戶一鍾在喪

於是鄭饑而未及麥民病子皮以
子展之命餼國人粟戶一鍾在喪
故以文命也六斛
四斗曰鍾
是以得鄭國之民故
罕氏常掌國政以為上卿宋司城
子罕聞之曰鄰於善民之望也民
亦
望者
為善
宋亦飢請於平公出公粟以

七

為善宋亦飢請於平公出公粟以

貸使大夫皆貸司城氏貸而不書（他代反下同）

施而不德（施　始豉反下文同）為大夫之無者貸宋無飢人

叔向（許亮反）聞之曰鄭之罕宋之樂其後亡

者也二者其皆得國乎得掌國政民之

歸也施而不德樂氏加焉其以守（宋本作）

升降隨

歸也施而不德樂氏加焉其以
升降乎（升降隨宋盛衰）晉平公杞出也故
治杞（治理其地脩其城也）六月知悼子合諸
侯之大夫以城杞孟孝伯會之鄭
子大叔與伯石往（大叔不書不親事也）子大
叔見大叔文子（文子衛大叔儀）與之語文

肄以豉反詩傳云斬而復生曰肄方言云肄餘也秦晉之間曰肄

叔見大叔文子大叔儀與之語文

子曰甚乎其城杞也子大叔曰若

之何哉晉國不恤周宗之闕而夏

戸雅反注下皆倣此

肄是屏周宗諸姬也夏肄杞也肄餘也屏城之也其棄

諸姬亦可知也已諸姬是棄其誰

歸之吉也聞之棄同即異是謂離

德詩曰協比其鄰昏姻孔云詩小

歸之吉也聞之棄同即異是謂離德詩曰協比其鄰昏姻孔云詩小雅言王者和協近親則昏姻甚歸附之也晉不鄰矣其誰云之云猶旋旋歸之齊高子容與宋司徒見知伯女齊相禮子容高止也司徒華定也知伯荀盈也女齊司馬侯也相相禮侍威儀也賓出司馬侯言

也相礼侍威儀也盾出言自傳言

於知伯曰二子皆將不免子容專

專自是也司徒侈皆亡家之主也知伯

曰何如對曰專則速及速及侈將

以其力斃力盡而自斃也專則人實斃之

侈將自及矣為此秋高止出奔燕昭二十年華定出奔

將及矣本或作侈將及矣者非

陳傳……謝曾

本或作役將及矣者非

昭二十年華定出奔

陳傳

范獻子來聘拜城杞也謝曾為杞

之也城

公享之展莊叔執幣公將以

之射酬賓也

者三耦二人為耦公臣不足取於家臣

〻〻展瑕展王父為一耦公臣公

巫召伯仲顏莊叔為一耦鄫鼓父

言公室卑微公臣不

巫召伯仲顏莊叔為一耦鄫鼓父黨叔為一耦言公室卑微公臣不能備於三耦也晉侯使司馬女叔侯來治杞田使魯歸前侵杞田也所歸少故不書弗盡歸也晉悼夫人慍紆運反怨也怒也曰齊也取貨夫人平公母杞女也謂叔侯取貨於魯故不盡歸杞田先君若有知也不尚取

歸杞田 [illegible]

之 不尚叔侯之取貨 公告叔侯叔侯曰虞

虢[瓜百反]焦[子消反]滑[呼八反]霍揚韓魏皆姬姓也 八國皆晉所滅也焦在陝縣揚縣屬平陽郡也 晉是以大若非

侵小將何所取武獻以下兼國多

矣 武公獻公晉始盛之君也 誰得治之杞夏餘

行夷 [illegible]

矣始盛之君也誰得治之杞夏餘

也而即東夷行夷禮也魯周公之後也

而睦於晉以杞封魯猶可而何有

焉何有盡歸之也魯之於晉也職貢不乏

玩好時至公卿大夫相繼於朝史

不絕書書魯之朝聘也府無虛月无月不受魯貢

如是可矣何必瘠魯以肥杞且

不絕書　朝聘也　府無虛月　受魯貢
如是可矣何必瘠魯以肥杞且先
君而有知也毋寧夫人而焉用老
臣　言先君若毋寧怪夫人之所為充用責我　杞文公來
盟　魯歸其田故來盟也　書曰子賤之也　賤其用夷禮也
吳公子札來聘見叔孫穆子說之
謂穆子曰子其不得死乎　不得以

吳公子札來聘見叔孫穆子說之謂穆子曰子其不得死乎不得以壽死好善而不能擇人吾聞君子務在擇人吾子為魯宗卿而任其大政不慎舉何以堪之禍必及子為昭四年豎牛作亂起本也請觀於周樂魯以周公故有天子樂……此……皆

起本也　[illegible]故有天子礼樂也　使工為之歌周南召南　此皆各依其本國歌所常用聲曲也　曰美哉　美其聲也　始基之矣　周南召南王化之基　猶未也　猶有商紂未盡善也　然勤而不怨矣　未能安樂然其音不怨怒　為之歌邶鄘衛　武王代紂分其地為三監三監叛周公滅之更封康叔并三監之地故三[illegible]

上照反下式反略

樂　六洛下和一　声户下文一　而不荒同

[illegible]〻〻叛周公滅之更封康叔并三監之地故三國盡被康叔之化者

曰美哉淵乎憂而不困者也淵深也亡國之音哀以思其民困衛康叔武公德化深遠雖遭宣公淫乱懿公滅亡民猶秉義不至於困也

吾聞衛康叔武公之德如是〻其衛風乎康叔周公弟武公康叔九世孫也皆衛之令德君也聽聲以為

為之歌王王黍離

治政

其衛風乎九世孫也皆衛之令德
君也聽聲以為
別故有疑言　為之歌王　王黍離也幽王
遇西戎之禍平王東遷王政不行
於天下風俗下与諸侯同故不為
雅　曰美哉思而不懼其周之東乎
也
宗周隕滅故憂思猶有先
王之遺風故不懼也　為之歌
詩第
鄭七也　曰美哉其細已甚民弗堪
美其有治政之音

鄭也曰美哉其細已甚民弗

治政
也是其先亡乎美其有治政之音譏其煩碎知不能

久為之歌齊詩第八曰美哉泱泱乎

大風也哉泱泱弘大之聲表東海者其大

公乎大公封齊為東海之表式國未可量也言其

或將復興為之歌豳詩第十五豳周之舊國在新平漆縣

東

復興豳周之舊國在新平漆縣東北
曰美哉蕩乎樂而不淫其周公
之東乎蕩乎蕩然也樂而不淫言有
節也周公遭管蔡之變東
征三年為成王陳后稷先公不敢
荒淫以成王業故言其周公之東
乎為之歌秦詩第十一也後仲
尼刪定故不同曰
此之謂夏聲夫能夏則大大之至
也其周之舊乎秦本在西戎汧隴

此之謂夏聲夫能夏則大〻之至也其周之舊乎秦本在西戎汧隴之西秦仲始有車馬礼樂去戎狄之音而有諸夏之聲故謂之夏聲及襄公佐周平王東遷而受其故地故曰周之舊之也爲之歌魏詩第九也魏姚姓國也閔元年晉獻公滅之曰美哉渢〻乎大而婉險而易行以德輔此則明主也渢〻中庸之聲也婉約也

乎大而婉險而易行以德輔此則明主也渢渢中庸之聲也婉約也險當為儉字之誤也大而約則儉節易行惜其國小无明君也為之歌唐詩第十也唐晉詩也曰思深哉其有陶唐氏之遺民乎不然何其憂之遠也晉本唐國故有堯之遺風憂深思遠情發於聲也非令德之後誰

詩第

遠情發于聲也非令德之後誰
能若是為之歌陳詩第十二曰國無主
其能久乎淫聲放蕩無所畏忌故曰國無主之也自
鄶以下無譏焉鄶第十三曹第十四言季子聞此二
國歌不復譏論之以其微也為之歌小雅小雅小正
亦樂歌之常曰美哉思而不貳思文武之德無
貳叛之怨而不言有哀其周德之

之帶……之德

貳叛之心也怨而不言有哀音其周德之

衰乎衰小也猶有先王之遺民焉謂有

殷王餘俗故未大衰也爲之歌大雅大雅是陳文王之德

以正天下也曰廣哉熙熙乎熙熙和樂聲曲

而有直體論其聲也其文王之德乎雅頌

所以詠盛德形容故但歌爲之次

而有直體聲也其文王之德乎頌

所以詠盛德形容故但歌其美者不皆歌變雅也為之歌

頌頌者以其成功告於神明者曰至矣哉言道備也

直而不倨倨傲曲而不屈屈撓邇而不

偪謙退遠而不攜攜貳遷而不淫淫過蕩也

復而不厭常日新也哀而不愁知命樂而

節之又　德　弘

復而不厭常日新也哀而不愁知命也樂而

不荒節之以禮也用而不匱德弘大也廣而

不宣不自顯也施而不費因民所利而利之也取

而不貪義然後取處而不底守之以道行而

不流制之以義五聲和宮商角徵羽八

風平八方之氣謂之八風節有度守有序八音

克諧節有度也

謂之八風

克諧節有度也
相奪倫守有序也
盛德之所同也

頌有殷魯故曰
盛德之所同也

見舞象箾南籥者　徐方朔　羊略反

象箾舞所執南籥以
籥舞也皆文王之樂

曰美哉猶

有憾　本亦作感胡暗反

美哉美其容也文王
恨不及己致大平也

見舞大

武者

武王
樂也

曰美哉周之盛也其若

韶濩……殷湯

[illegible]者 樂也 曰美哉周之盛也其若

此乎見舞韶濩者 殷湯樂也 曰聖人之

弘也而猶有慙德聖人之難也 慙於

始代 見舞大夏者 禹之樂也 曰美哉勤而

不德非禹其誰能脩之 盡力溝洫勤也 見

舞韶箾者 舜樂 曰德至矣哉大矣哉

韶箾音蕭者曰德至矣哉大矣哉
如天之無不幬也幬覆也徒報反如地之無
不載也雖甚盛德其蔑以加於此
矣觀止矣若有他樂吾不敢請已
魯用四代之樂故及韶箾而季子
知其終也季札賢明才博在吳雖
已涉見此樂歌之文然未聞中國
雅聲故請作周樂欲聽其聲然後
依聲以參時政知其興衰也聞秦

雅聲故請作周樂欲觀其聲然後依聲以參時政知其興衰也聞秦詩謂之夏聲聞頌曰五聲和八風平皆論聲以參政也舞畢知其樂終是素知其篇數其出聘也通嗣君也吳子餘祭祀立故遂聘于齊說晏平仲謂之曰子速納邑與政納歸之也無邑無政乃免於難齊國之政將有所歸未獲所歸難未歇也

之公無邑無政乃免於難（乃旦反下皆同）國之
政將有所歸未獲所歸難未歇也（許謁反）
歇盡
也
故晏子因陳桓子以納政與邑是以免於欒高之難（難在昭八年也）聘
於鄭見子産如舊相識與之縞帶（古老反徐古到反繒也）
子産獻紵（直呂反）衣焉（大帶也吳地貴縞鄭地貴紵故各獻己所貴示損己而）

子產紵衣焉鄭地貴紵故各獻己所貴示損己而不為彼貨利謂子產曰鄭之執政侈難將至矣政必及子子為政慎之以禮不然鄭國將敗侈謂伯有適衛說蘧瑗蘧伯玉也史狗史朝之子文子也史鰌史魚也公子荊公叔發公叔文子公子

鰌（也）公子荊公叔發（文子）公子
朝曰衛多君子未有患也自衛如
晉將宿於戚（戚孫文子之邑）聞鐘聲焉曰
異哉吾聞之也辯而不德必加於
戮（辯猶爭也）夫子獲罪於君以在此（孫文
子以戚叛）懼猶不足而又何樂夫子之

戚叛

在此也猶燕之巢于幕上言至危也君

又在殯而可以樂乎獻公卒未葬也遂去

之不上宿也文子聞之終身不聽琴瑟

聞義能改適晉說趙文子韓宣子魏獻

子曰晉國其萃於三族乎言晉國之政將

集於

之政將
集於
三家
説叔向將行謂叔向曰吾子
勉之君侈而多良大夫皆富政將
在家
冨必厚施　式豉反
故政在家
吾子好直必思自
免於難秋九月齊公孫蠆　勑邁反　公孫竈
放其大夫高止於北燕
蠆子尾竈
子雅放者
宥之以

放其大夫高止於北燕子雅放者宥之以逺之乙未出書曰出奔罪高止也實放書奔所以示罪也高止好以事自爲功且專故難及之冬孟孝伯如晉報范叔也范叔士鞅也此年冬來聘爲高氏之難故高竪以盧叛竪高止子十月庚寅

難故高豎以盧叛止子十月庚寅

閭丘嬰帥師圍盧高豎曰苟使高

氏有後請致邑還邑於君齊人立敬仲

之曾孫酀敬仲高傒良敬仲也良猶賢也十

一月乙卯高豎致盧而出奔晉

人城緜而寘旃晉人善其致邑也鄭伯有

使公孫黑如楚黑子辭曰楚鄭方

人執歸而寘於　致邑也　鄭伯有
使公孫黑如楚　黑子晳也　辭曰楚鄭方
惡而使余往是殺余也伯有曰世
行也　言女世為行人　子晳曰可則往難則
已何世之有伯有將強使之子晳
怒將伐伯有氏大夫和之十二月

怒將伐伯有大夫和之十二月
己巳鄭大夫盟於伯有氏裨諶曰（婢之反　本又作湛市林反）
是盟也其與幾何（居豈反）言不能久也裨諶鄭大夫也
詩曰君子屢盟乱是用長今是長（如字或音預）（力住反）（丁丈反下同）
乱之道也禍未歇也必三年而後
能紓（直呂反　緩也紓解也）紓解然明曰政將焉往裨諶（於虔反下同）

首紓也直呂反徐方鄙反解也然明曰政將焉往裨諶於虔反下同
曰善之代不善天命也其焉辟子
產言政必歸子產舉不踰等則位班也子產
位班次應知政之也擇善而舉則世隆也世所
高也天又除之奪伯有魄喪其精神為子產驅息浪反並如字一讀上方反一具反下直㩲反
除也子西即世將焉辟之天禍鄭久

也 [illegible]

矣其必使子產息之乃猶可以戾

戾定也　不然將亡也矣

經三十年春王正月楚子使薳罷來

聘夏四月蔡世子般弑其君固五

月甲午宋災天火曰災宋伯姬卒天王

[illegible] 稱弟以惡烏路反下一宋同一本如字

……曰災宋伯姬卒天王
殺其弟佞夫（乃定反）稱弟以惡（烏路反下一宋同一云如字）王殘骨肉王子瑕奔
晉不言出奔周无外也（才元）秋七月叔弓如宋葬
宋共姬共姬從夫謚也叔弓叔老（方恭注皆同傳補之做此）子也卿共葬事礼過厚
也（才元）三月而葬速也（才元）鄭良霄出奔許耆（市志反）酒荒淫書名
罪之自許入于鄭不言伐（扶又反）入獨還无兵也（才元）鄭
人殺良霄……元……

也……還兵也……

人殺良霄冬十月葬蔡景公傳元晉
人齊人宋人衛人鄭人曹人莒人
邾人滕人薛人杞人小邾人會干
澶淵宋災故 市然反字林云丈仙反又云水在宋
會未有言其事者此宋
言宋災故以惡也
人不克己自責
而出會求財也

傳……

而出會求財也

傳三十年春王正月楚子使薳罷来聘通嗣君也郟敖即位稷叔問王子之為政何如王子圍為令尹對曰吾儕小人食而聽事猶懼不給命而不免於戾焉與知政固問焉不告稷叔告

焉與知政固問焉不告穆叔告 於虔反下焉預下將与之於食反
大夫曰楚令尹將有大事子蕩將
與焉子蕩薳罷助之匿其情矣子圍素貴郟敖
微弱諸侯皆知其將
為乱故穆叔問之子產相息亮反鄭伯
以如晉叔向問鄭國之政焉對曰吾得見與否
在此歲也駟良方爭未知所成｜闘之｜下注駟良内 駟
子皙也良…

在此歲也駟良方爭未知所成
子晳也良氏伯有也若有所成吾得見乃可
知也叔向曰不既和矣乎對曰伯
有侈而愎彼力反也愎很胡懇反子晳好呼報反下遐嫁反在人上莫
能相下也雖其和也猶相積惡
也惡至無日矣為此年秋良霄出奔傳也三
月癸未晉悼夫人食輿人之城

也悪至并旦矣出奔傳也三
月癸未晉悼夫人食輿人之城杞
者輿衆也城杞杞在往年絳縣人或年長矣無
子而往與於食有與疑年使之年使言其年
曰臣小人也不知紀年臣生
之歲正月甲子朔四百有四十五

吏走　一本作使走　如字速疾之意也一曰走使之人也服虔王肅本作吏云吏不知歷者

之歲正月甲子朔四百有四十五甲子矣其季於今三之一也所稱正月謂夏正月也三分六甲之一得甲子甲戌盡癸未也吏走問諸朝皆不知故問之也師曠曰魯叔仲惠伯會郤成子于承匡之歲也在文十一年是歲也狄伐魯叔孫莊叔於是

宇敗狄于鹹獲長狄僑如及虺也
豹也而皆以名其子七十三年矣
叔孫僑如叔孫豹
皆取長狄名也
史趙曰亥有二
首六身
史趙晉大史亥字二畫在
上併二六為身如筭之六
也
下二如身是其日數也
下亥上
二畫竪
置身
士文伯曰然則二萬六千六

兼明書

下二如身是其日數也　二畫豎

旁置身　士文伯曰然則二萬二千六　六本作

百有六旬也　文伯士弱之子也　趙孟問其

縣大夫則其屬也　屬趙武者也　召之而

謝過焉曰武不才任君之大事以

晉國之多虞不能由吾子　由用也　使

而廢其輿尉　服虔云輿尉軍尉主廢跡使正是趙武將中軍本是

晉國之多虞不能由吾子也何

吾子辱在泥塗久矣武之罪也敢謝不才遂仕之使助為政辭以老與之田使為君復陶復陶主衣服之官也以為絳縣師縣師掌地域辨其夫家人民也而廢其輿尉以役孤老敬也於是魯使者在晉

其輿尉巻敬也於是魯使者在晉

廢既使臣是趙武將中軍本是軍尉當是中軍尉也

歸以語（魚據反）諸大夫季武子曰晉未可

媮（他侯反）也　媮薄也　有趙孟以為大夫有伯

瑕以為佐　伯瑕士文伯也　有史趙師曠而

咨度（待洛反）焉有叔向女齊以師保其君

其朝多君子其庸可媮乎勉事之

而後可　傳言晉所以彊不衰

其朝多君子其庸可媮乎勉事之
而後可傳言晉所以強不
失諸侯且明歷也夏四月
己亥鄭伯及其大夫盟駟良
爭故君子
是以知鄭難之不已也鄭伯微弱
不能制其
臣下若臣詛盟故蔡景侯為太子
曰亂未已之也
般娶于楚通焉太子弒景侯終子
産言

矣[illegible]楚追亞大之私貴使産言有子禍也

初王儋季卒儋季周靈王弟之也其子括將見王而歎括除服見靈王入朝而歎單公子愆期為靈王御士過諸廷愆期過王廷也聞其歎而言曰烏乎必有此夫欲有此朝廷之權入以告王且曰必

殺之不慼而願大視躁而足高心
在他矣不殺必有害王曰童子何
知及靈王崩儋括欲立王子佞夫
佞夫靈王子景王弟 佞夫弗知戊子儋括圍
蔿逐成愆 成愆蔿邑大夫 成愆奔平時
周

爲遂成愆邑大夫成愆奔平畤

于委反

周邑

五月癸巳尹言多劉毅單蔑甘過鞏成殺佞夫五子周大夫也括瑕廖奔晉括廖不書賤也書曰天王殺其弟佞夫罪在王也佞夫不知故也經書在宋災下從赴或叫于宋大廟也叫呼大故反曰譆〻出〻譆〻出〻

力勇反　力彫反　許其反

如字鄭注周禮作熱也

出〻戒…殿…

于宋大廟也曰譆ゝ出ゝ熱也

出ゝ戒伯姬之鳥鳴于亳社殷社如曰譆ゝ

皆火之妖也甲午宋大災宋伯姬卒待

姆也姆女師也君子謂宋共姬女而不

婦女待人者也待人而行也婦義事也

義從宜也伯姬時年六十左右也六月鄭子産如

許其反

步各反

如字鄭注周礼熱作方上作譆ゝ

徐亡茂反字林亡士又反一亡母

二字本无

或作女待人而行也

年六十左右也

陳涖盟歸復命告大夫曰陳亡國也不可與也不可與結好聚禾粟繕城郭恃此二者而不撫其民其君弱植徐音直吏反一音時力反公子侈太子卑大夫敖五報反本亦作傲服本作放云淫放也政多門政不由一人以介於大國介間也能無亡

為昭八年

一人……也

年不過十年矣為昭八年楚滅陳傳秋七月

叔弓如宋葬共姬也傷伯姬之遇災故使卿共

葬鄭伯有耆酒為窟室窟室地室而夜

飲酒擊鐘焉朝至未已朝者曰公

焉在家臣故謂伯有為公也其人曰吾公在

壑谷壑谷皆自朝布路而罷

有爲公也　其人曰吾公在

壑谷（呼洛反）壑谷窟室　皆自朝布路而罷（皮買反　徐扶彼反）布路分散

既而朝　伯有朝鄭君也　則又將使子皙如

楚歸而飲酒庚子子皙以駟氏之

甲伐而焚之　伯有奔雍（於用反）梁　雍梁鄭地　醒（星頂反）

而後知之遂奔許大夫聚謀子皮

仲虺湯

而後知之遂奔許大夫聚謀子皮
曰仲虺之志仲虺湯左相也云亂者取之
亡者侮之推亡固存國之利也罕
駟豐同生罕子皮駟子晳豐公孫段也三家本同母兄弟
伯有汰侈故不免三家同出而伯有孫特又汰侈所以亡也
人謂子產就直助彊時謂子晳直三
家[illegible]黨之言不

亡也人謂子産就直助强楷直三
家子産曰豈為我徒徒黨也言不以駟良為黨
國之禍難誰知所敝或主彊直難
乃不生言能彊能直則可須難今三家未能則伯有方爭也
姑成吾所欲以死所附著為所辛丑子産歛
伯有氏之死者而殯之不及謀而
不與於

伯有氏之死者而殯之不及謀而
遂行不與於國謀也印段從之義子產也子皮
止之衆曰人不我順何止焉子皮
曰夫子礼於死者況生者乎遂自
止之壬寅子產入癸卯子石入子石
印段之也二字才无皆受盟于子皙氏乙巳鄭伯
大宮

之也　二字才无

及其大夫盟于大宮 大宮祖廟 盟國人

于師之梁之外 師之梁鄭城門 伯有聞鄭

人之盟己也怒聞子皮之甲不與

攻己也喜曰子皮與我矣癸丑晨

自墓門之瀆入 墓門鄭城門也 因馬師頡

徐六豆　戶結反

介于襄庫以伐舊北門 馬師頡 四

自墓門之瀆入（城門也）因馬師頡

介于襄庫以伐舊北門（馬師頡子羽孫）駟

帶率國人以伐之（駟帶子西之子〻猶之宗主）

皆召子産（駟氏伯有俱召）子産曰兄弟而

及此吾從天所與（兄弟恩等故无所偏助也）伯

有死於羊肆（羊肆市列）子産襚之枕之

股而哭之斂而殯諸伯有之臣在

有死於羊肆市列子產襚之枕之
股而哭之斂而殯諸伯有之臣在
市側者既而葬諸斗城斗城鄭地名也子
駟氏欲攻子產子皮怒之曰礼國
之幹也殺有礼禍莫大焉乃止斂葬
伯有為有礼也於是游吉如晉還聞難不
懼禍

有礼也

入懼禍後命于介八月甲子奔晉

駟帶追之及酸棗與子上盟用兩

珪質于河 子上駟帶也沉珪於河為信也酸棗陳留縣也

使公孫肸入盟大夫己巳復歸 游吉

歸書曰鄭人殺良霄不稱大夫言

也

既出位絶非

與子上用兩珪質于河 質如字一本作與 子上絶句用兩珪質于河別為一句也

也書曰鄭人殺良霄不稱大夫言

自外入也〔既出位絶非復鄭大夫也〕於子蟜之

卒也〔子蟜公孫蠆也卒在十九年也〕將葬公孫揮

與裨竈晨會事焉〔會葬事也〕過伯有氏

其門上生莠子羽曰其莠猶在乎

〔子羽公孫揮也以莠喻伯有伯有侈知其不能久存也〕於是

伯有侈知其不能久存也於是
歲在降婁〻〻中而旦降婁奎婁也周七月
今五月降婁中而天明裨竈指之曰其猶可
以終歲指降婁也歲星十二年而一終歲不及此
次也已不及降婁及其亡也歲在娵訾
之口娵訾營室東壁二十八年歲
星淫在玄枵今三十年在娵
訾是歲星停

星淫在玄枵三十年在娵
訾是歲星停
在玄枵二年
其明年乃及降婁僕
展從伯有與之皆死
僕展鄭大
夫伯有黨
羽
頡出奔晉為任大夫
羽頡馬師頡
也任晉縣今
屬廣
平郡
雞澤之會
在三
年也
鄭樂成奔楚
遂適晉羽頡因之與之比而事趙

遂適晉[illegible]吉[illegible][illegible]與[illegible]上所事[illegible]
文子言伐鄭之說焉以宋之盟故
不可宋盟約
弭兵故子皮以公孫鉏為馬
師鉏子罕之子代羽頡楚公子圍殺大司馬
蔿掩而取其室蔿掩二十五年為大司馬也申
無宇曰王子必不免无宇芋尹善人國

無宇曰王子必不免芊尹善人國之主也王子相楚國將善是封殖而虐之是禍國也且司馬令尹之偏偏佐也而王之四體也俱股肱也絶民之主去身之偏艾王之體以禍其國無不祥大焉何以得免爲昭十三年楚弑靈王

國并不利大焉何以得免三年楚
弒靈王　傳也　為宋災故諸侯之大夫會
以謀歸宋財冬十月叔孫豹會晉
趙武齊公孫蠆宋向戌衛北宮佗
佗北宮括之子也　鄭罕虎　虎子皮也　及小邾之大
夫會于澶淵既而無歸於宋故不

夫會于澶淵既而無歸於宋故不
書其人君子曰信其不可不慎乎
澶淵之會卿不書不信也夫諸侯
古校一讀以夫爲下句首
之上卿會而不信寵名皆弃不信
之不可也如是（寵謂族也）詩曰文王陟
降在帝左右信之謂也（詩大雅言文王所以）
能上接天下接人動[illegible]

降在帝左右信之謂也文王所以
能上接天下接人動又曰淑慎爾
順帝者唯以信也
上無載爾偽不信之謂也逸詩也
言當善
慎舉止无載
行詐偽也
書曰某人〻〻會于
澶淵宋災故尤之也傳云既而无
所歸以釋諸
侯大夫之不書也又云宋災故尤
之所以釋向成之并貶也成為正
卿深致大災至火本來至燒殺其

之所以釋向戌之前賂也戌庵
卿深致火災至以本亦作至燒殺其
夫人未聞克己其意而以求財合
諸侯故與不不書魯大夫諱之也
歸財者同文
向戌既以災求財諸大夫許而不
歸容主皆賂君子以尊〻之義也
君親有隱故略不書
魯大夫以示例也
鄭子皮授子
產政
伯有死子皮知政
以子產賢故讓之
辭曰國小
而偪近族大寵多不可為也

皮以子産賢故讓之辭曰國小
而偪偪近彼力反大國族大寵多不可為也為猶
治也子皮曰虎帥以聽誰敢犯子〻
善相之國無小言在治直吏反政小能事大國
乃寬為大所恤故也子産為政有事伯石
賂與之邑伯石公孫段也有事欲使之也子大叔
曰國皆其國也奚獨賂言鄭大

賂與之邑有事欲使之也子大叔

曰國皆其國也奚獨賂焉言鄭大夫共憂

鄭國事何爲獨賂之也子產曰無欲實難言人

不能无欲也皆得其欲以從其事而要一遙反下注同

其成非我有成其在人乎言成猶在我非

在他也何愛於邑〻將焉於虔反往言猶在國子

也何愛於邑邑將焉往在國子
大叔曰若四國何恐為四鄰所笑也子產
曰非相違也而相從也言賂以邑欲為和順
四國何尤焉鄭書有之鄭國史書曰安
定國家必大焉先先和大族而後國家安姑先
安大以待其所歸要其成也既伯石懼
而歸邑與卒終

亞大以待其[illegible]成也[illegible]

而歸邑卒與之卒終也伯有既死使

大史命伯石為卿辭大史退則請

令式反

命焉請大史更命己也復扶又反命之又辭如是

三息暫反又如字乃受策初革反入拜子産是以惡烏路反注同其為

人也惡其虛飾使次己位畏其作乱故寵之子

[illegible]國鄙及邊鄙東脹

人也　盧飾使次已位故寵之

産使都鄙有章國都及邊鄙車服尊卑各有分扶運反部也

上下有服公卿大夫服不相踰田有封洫封疆居良反

也洫溝也廬井有伍廬舍也九夫為井使五家相保大

人之忠儉者謂卿大從而與之泰

大人之忠儉者大夫或作大夫之忠者非

侈者因而斃之因其有罪而斃踣蒲北反之豐卷眷勉反徐居阮反將

祭請田焉

從者臣而嘗之而斃路之蒲北反豐卷將眷勉反徐居晩反

祭請田焉弗許上用備也曰唯君用鮮鮮野獸也衆給而已衆臣祭以芻初俱反豢音患牛羊曰芻犬豕曰豢為足子張怒子張豐卷退而徵役召兵欲攻子產子產奔晉

子皮止之而逐豐卷〻〻奔晉子產請其田里請於公三年而復之不使入之也二字本无

田里而

産請其田里不役入三年而復之

反其田里及其入焉田里所收入之從政

一年輿人誦之曰取我衣冠而褚之旅呂反

褚畜也奢侈者畏法故畜藏勑六反又許六反本又作稸同取我田疇而伍

之孰殺子産吾其與之並畔為疇蒲本反又蒲頂反也及

三年又誦之曰我有子弟子産誨

三年又誦之曰我有子弟子産誨
之我有田疇子産殖之（殖生）（時力反徐是吏反此協下韻）子産
而死誰其嗣之（嗣續也傳言鄭所以興也）
經三十有一年春王正月夏六月辛
巳公薨于楚宮（公不居先君之路寢而安所樂失其所也）（樂六洛一六岳一六五教反）
秋九月癸巳子野卒（不書葬未成君也）

也
……成君也

己亥仲孫羯卒冬十月滕子来會

葬諸侯會葬非礼癸酉葬我君襄公十有

一月莒人弑申志反其君密州不稱弑者主名君无

道也

傳三十一年春王正月穆叔至自會

傳三十一年春王正月穆叔至自會
澶淵會還見孟孝伯語之曰趙孟將死魚據反下五諸同
矣其語偷不似民主他侯反偷苟且也且年未
盈五十而諄諄焉如八九十者弗徐之閏反或之純反
能久矣成二年戰於鞌趙朔已死於是趙文子始生至襄三
十年會澶淵蓋年四十七八故言未盈五十之若趙孟

八故言未盈五十之 若趙孟
死為政者其韓子乎韓子韓起吾子盍（戸臘反）
與季孫言之可以樹善君子也言韓
起有君子之德今方知政可素往立善也
晉君將失政
矣若不樹焉使早備魯使韓子早為魯備焉
既而政在大夫韓子懦（乃乱反）弱大夫多
貪求欲無厭齊楚未足與也魯其

既而政在大夫韓子懦（乃乱反）弱大夫多

貪求欲無厭（於盜反）齊楚未足與也魯其

懼哉孝伯曰人（民本作）生幾（居豈反又本或作民生幾何）何誰能無偷

朝（如字注同）不及夕將安用樹穆叔出而告

人曰孟孫將死矣吾語諸趙孟之

偷也而又甚焉　言朝不及夕又與偷之甚也

如與孟

偷也而又甚焉（偷之甚也）又與季孫語晉故（如與孟孫言也）季孫不從及趙文子卒（在昭元年）晉公室卑政在侈家韓宣子為政不能圖諸侯魯不堪晉求讒慝（他得反）弘多是以有平丘之會（平丘會在昭十三年晉人執季孫意如）齊子尾害

會晉人執季孫意如齊子尾害

閭丘嬰欲殺之使師師以伐陽州

陽州魯地我問師以伐陽州陽州魯地我問

師故魯以師往問齊何故伐我夏五月子尾殺

閭丘嬰以說如字于我師言伐魯者嬰所為也伐陽

州不書不成伐也工僂力侯反灑所蟹反舊所綺反渻竈孔虺許鬼反賈寅

渻竈 主領反 徐本作省 所景反 一音息井反

成伐也

出奔莒四子嬰之黨也出羣公子為昭十年欒高之難復羣公子張本公作楚宮適楚好其宮歸而作之也穆叔曰大誓云民之所欲天必從之今尚書大誓亦无此文故諸儒疑之君欲楚也夫故作其宮若不復適楚必死是宮

也六月辛巳公薨于楚宮叔仲帶

故作其宮若不復適楚必死是宮
也六月辛巳公薨于楚宮叔仲帶
竊其拱璧拱璧公大璧也以與御人納諸
其懷而從取之由是得罪得罪謂魯人薄
之故子孫不得志於魯也立胡女敬歸之子子
野胡歸姓之國也敬歸襄公妾也次于季氏秋九
過哀毀瘠

野敬歸襄公妾也次季氏秋九

月癸巳卒毀也過哀毀瘠以致滅性（在亦反）己亥孟

孝伯卒終穆叔言立敬歸之娣（大計反）（如字注同）齊歸之

子公子裯（直由反）齊諡也裯昭公名也穆叔不欲

曰太子死有母弟則立之無則立

長（丁丈反）立庶子則以年年鈞擇賢義鈞則卜古

之道也先人事後卜筮也非適

長則以年年鈞擇賢義鈞則卜古

之道也先人事後卜筮也義鈞謂賢等也非適嗣

何必娣之子言子野非適嗣且是人也居

喪而不哀在慼而有嘉容是謂不

或本文讀　入声

度不度之人鮮不為患若果立之

必為季氏憂武子不聽卒立之比

及葬三易衰衰衽如故衰言其嬉

以為季氏憂武子不聽卒立之比
及葬三易衰〻衽如故衰言其嬉戲无度
於是昭公十九年矣猶有童心君子
是以知其不能終也為昭二十五年公孫於齊
傳冬十月滕成公來會葬惰而多
涕惰不敬也子服惠伯曰滕君將死矣

…敬也子服惠伯曰滕君將死矣
怠於其位而哀已甚兆於死所矣
有死兆也能無從乎為昭三年滕子卒傳癸酉葬
襄公〻薨之月子產相鄭伯以如
晉〻侯以我有喪故未之見也子
產使盡壞其館之垣而納車馬焉

使盡壞其館之垣而納車馬 子忌反　古乱反字從食字林云客舍也旁作舍非

士文伯讓之曰敝邑以政刑之不

修寇盜充斥 充滿斥見 言其多也 無若諸侯

之屬辱在寡君者何是以令吏人

完客所館也 館舍 高其閈閎 閎門 厚 戶旦反說文云閭也汝南平輿縣里門曰閈　閎 獲耕反

其牆垣以無憂客使 令客使無憂寇盜也

閎 獲耕反 杜云門也爾雅云衡門謂之閎是也亦雅又云所以止扉謂之閎然爾雅本作扉

又云所以止扉謂之ー㘸尒雅本山扉之名或作閎字讀者因改之傳皆㡊閎ㇷ案下文云門不容車此云高其閈閎ー倶謂門耳於義自通也无為穿鑿

垣牆以無憂客使　憂寇盜也　今吾子壞之雖從者能戒其若異客何以敝邑之為盟主繕完葺牆以待賓客若皆毀之其何以共命寡君使匄請命　請問毀垣之命　對曰以敝邑褊小介於大國　介間也　誅求無

儀正義

誅責

敝邑褊小介於大國也誅求無
時誅責也是以不敢寧居悉索敝賦
以來會時事隨時朝會也逢執事之不
閒而未得見又不獲聞命未知見
時不敢輸幣亦不敢暴露其輸之
則君之府實也非薦陳之不敢輸

則君之府實也非薦陳之不敢輸

也薦陳猶獻見也其暴露之則恐燥濕之

不時而朽蠹以重敝邑之罪僑聞

文公之為盟主也僑子產名文公晉重耳宮

室卑庳無觀臺榭以崇大諸侯之

館館如公寢庫廐繕脩司空以時

平易道路易治也圬人以時塓館宮

館如公寢庫廐繕脩司空以時
九又反
平易道路易治也圬人以時塓館宮
以豉反注同　本作汚同音烏　莫歷反塗也
室圬人塗者塓塗也諸侯賓至甸設庭燎
徒遍反　力妙反徐力遥反
庭燎設火於庭中也僕人巡宮巡宮行夜車馬有
下孟反下巡夜同　一云力弔反　庭燎大燭
所有所處也賓從有代代客役也巾車脂轄
如字鄧昌宗周禮云居覲反　戸瞎反
巾車主車之官隸人牧圉各瞻其事瞻視客所
之廉反
當

車之官隷人牧圉各瞻其事客所當得百官之屬各展其物展陳也謂羣官各陳其物以待賓也公不留賓而亦無廢事賓得速去則事不廢憂樂同之事則巡之巡行也教其不知而恤其不足賓至如歸無寧菑患言見遇於此（如本）寧當復有菑患邪乇寧〻也不

有菑患飛无寧ム也

畏寇盜而亦不患燥濕今銅鞮之

宮數里銅鞮晉離宮也而諸侯舍於隸人舍如隸人舍也

門不容車而不可踰越門庭之內迫迮又有牆垣之限也

盜賊公行而夭癘

或本水潦無常言不時也

不戒癘猶災也言水潦無常不時也賓見無時命

不可知也若又勿壞是無所藏幣以

言不時也

[illegible]

不可知若又勿壞是無所藏幣以

重罪也敢請執事將何所命之問晉命已所上之宜

雖君之有魯喪亦敝邑之

憂也言鄭与魯亦有同姓之憂若獲薦幣薦進也

脩垣而行行去也君之惠也敢憚勤

[illegible]

脩垣而行也君之惠也敢憚勤勞文伯復命反命於晉君也趙文子曰信信如子產言我實不德而以隸人之垣以贏諸侯贏受也是吾罪也使士文伯謝不敏焉晉侯見鄭伯有加禮礼加敬也厚其宴好呼報反而歸之乃築諸侯之

也
厚其宴好而歸之乃築諸侯之
館叔向曰辭之不可以已也如是
夫子產有辭諸侯賴之若之何其
釋辭也詩曰辭之輯矣民之協矣
辭之繹矣民之莫矣詩大雅言辭
輯睦則民叶
同辭說繹則民安
定莫猶定之也
其知之矣謂詩人知
辭之

定莫猶定之也其矣之矣人知

肆之有益鄭子皮使印段如楚以適晉

告禮也得事大國之禮莒犁比公生去疾

及展輿犁比莒子密州之號之也既立展輿立以

為世子也又廢之犁比公虐國人患之

十一月展輿因國人以攻莒子弑

展輿立為

十一月展輿因國人以攻莒子弑

之乃立展輿立為君也去疾奔齊〻出

也去疾母齊女也展輿吳出也為明年奔吳傳書曰

莒人弑其君買朱鉏買朱鉏密州之字者言

罪之存也罪在鉏也傳始例申明君臣書弑令者文子啟

復重例吳子使屈狐庸聘于晉狐庸巫臣

之子也戌七年[illegible]通吳晉

稱例吳子使屈狐庸聘于　巫臣
之子也成七年適吳為行人通路也通吳晉之路也趙
文子問焉曰延州來季子其果立
乎延州來季札邑巢隕諸樊在二十五年閽戕
戴吳在二十九年戴吳餘祭也天似啓之何
如對曰不立是二王之命也非啓

女對曰不立是二王之命也非啓
季子也若天所啓其在今嗣君乎
嗣君謂夷昧也甚德而度德不失民民歸德
度不失事審事情也民親而事有序其
天所啓也有吳國者必此君之子
孫實終之季子守節者也雖有國
言其三兄雖欲傳

孫實終之季子守節者也雖有國
不立言其三兄雖欲傳國与之終不肯立十二月北
宮文子相衛襄公以如楚文子北宮佗也
襄公獻公子也宋之盟故也晉楚之從交相見也
過鄭印段廷勞于棐林如聘礼而
以勞辭用聘礼而用郊勞之辭文子入聘報印
段

以[illegible][illegible]郊勞之辭文子入聘印
段子羽為行人馮簡子與子大叔
逆客逆文子也事畢而出言於衛侯曰
鄭有禮其數世之福也其無大國
之討乎詩云誰能執熱逝不以濯
詩大雅也以水濯手也濯禮之於政如熱之有
濯以救熱何患之有此以上

以水濯手也禮之於政如熱之有

濯也濯以救熱何患之有此以上文子辭

子產之從政也擇能而使之馮簡

子能斷大事子大叔美秀而文其貌

美其才秀公孫揮能知四國之為知諸侯而

所欲為也而辨於其大夫之族姓班位

貴賤能否而又善為辭令裨諶

為也所辨於其大夫之族姓班位
貴賤能否而又善為辭令裨諶能
謀〻於野則獲得所謀也謀於邑則否
此才性之敝也鄭國將有諸侯之事子產
乃問四國之為於子羽且使多為
辭令與裨諶乘以適野使謀可否
乘車也

謀事也
設令與裨諶乘以適野使謀可否
而告馮簡子使斷之成乃授子大
叔使行之以應對賓客是以鮮有
敗事北宮文子所謂有禮也傳跡子産
行事以明北宮文子之言也鄭人游于鄉校鄉之
學挍以論執政論其得失也然明謂子産

校以論執政共也然明謂子産
曰毀鄉校如何患人於中謗議國政子産曰
何為夫人朝夕退而游焉以議執
政之善否其所善者吾則行之其
所惡者吾則改之是吾師也若之
何毀之我聞忠善以損怨為忠於善何則怨謗
息不聞作威以防怨欲毀鄉校

何毀之我聞忠善以損怨何怨謗
息也不聞作威以防怨欲毀鄉校即作威也豈
不遽止然猶防川遽畏懼也大決所犯
傷人必多吾不克救也不如小決
使道道通也不如吾聞而藥之也以為
己藥石
然明曰蔑也今而後知吾子

石
然明曰蔑也今而後知吾子
之信可事也小人實不才若果行
此其鄭國實賴之豈唯二三臣仲
尼聞是語也曰以是觀之人謂子
產不仁吾不信也仲尼以二十二年生於是十歲
長而後聞之也子皮欲使尹何為邑為邑大夫

不吾叛　正謂尹何

夫亦愈知治矣　正病差謂之愈言不能之病愈治如當達也

聞之也子皮欲使尹何為邑大夫

子產曰少未知可否詩照反注同尹何年少子皮曰

愿吾愛之不吾叛也愿謹善也使夫往

而學焉夫亦愈知治矣直吏反下注之同夫謂尹何子產

曰不可人之愛人求利之也今吾

子愛人則以政以政與之猶未能操刀七刀反

而使割也其傷實多

子愛人則以政猶未能操刀

其傷實多　一本作其傷多

而使割也其傷實多傷也子之愛

人傷之而已其誰敢求愛於鄭國

子〻於

棟也棟折榱崩僑將厭焉敢不盡

丁弄反　所追反椽也　本又作壓於甲反徐於輙反下同

言子有美錦不使人學製焉

之制　製裁也

大官大邑身之所庇也而使學者

必利反又方利反

製焉其為美錦不亦多乎　言官邑

大官大邑身之所庇也而使學者
製焉其爲美錦不亦多乎言官邑之重多
於美錦也僑聞學而後入政未聞以政
學者也若果行此必有所害譬如
田獵射御貫則能獲禽貫習也若未
嘗登車射御則敗績厭覆是懼何

嘗登車射御則敗績厭覆芳服反是懼何
暇思獲子皮曰善哉虎不敏吾聞
君子務知大者遠者小人務知小
者近者我小人也衣服附在吾身
我知而慎之大官大邑所以庇身
也我遠而慢之慢易以豉反也微子之言吾

也我遠而怪之也而子之言吾

不知也他日我曰子爲鄭國我爲

吾家以庇焉其可也今而後知不

足自知謀慮不足謀其家也自今請雖吾家聽

子而行子產曰人心之不同也如

其面焉吾豈敢謂子面如吾面乎

其面焉吾豈敢謂子面如吾面乎
抑心所謂危亦以告也子皮以為
忠故委政焉子産是以能為鄭國
傳言子産之治乃子皮之力衛侯在楚北宮文
子見令尹圍之威儀言於衛侯曰
令尹似君矣將有他志言語瞻視行步不常

行步不常

雖獲其志不能終也詩云靡不有

初鮮克有終〻之實難令尹其將

不免公曰子何以知之對曰詩云

敬愼威儀惟民之則令尹無威儀

民無則焉民所不則以在民上不

可以終公曰善哉何謂威儀對曰

民所不則以在民上不
可以終公曰善哉何謂威儀對曰
有威而可畏謂之威有儀而可象
謂之儀君有君之威儀其臣畏而
愛之則而象之故能有其國家令
聞長世臣有臣之威儀其下畏而
愛之故能守其官職保族宜家

附長也臣有臣之威儀其下畏而
愛之故能守其官職保族宜家順
是以下皆如是こ以上下能相固
也衛詩曰威儀棣こ不可選也詩
風棣こ富而
閑也選數也言君臣上下父子兄
弟内外大小之皆有威儀也周詩

弟内外大小之皆有威儀也周詩
曰朋友攸攝〻以威儀詩大雅也攸所也攝
佐也言朋友之道必相教訓以威儀
也周書數文王之德逸書曰大國畏
其力小國懷其德言畏而愛之也
詩曰不識不知順帝之則言則而
大雅文言文王行事无

詩曰不識不知順帝之則言則而象之也大雅文言文王行事无所斟酌唯任則象上天也紂囚文王七年諸侯皆從之囚紂於是乎懼而歸之可謂愛之文王伐崇再駕而降為臣文王聞崇德亂而伐之三旬不降退脩教而復伐之因壘而降之蠻夷帥服可謂

之因壘而降之　言其自服可謂
畏之文王之功天下誦而歌舞之
可謂則之文王之行至今為法可
謂象之有威儀也故君子在位可畏
施舍可愛進退可度周旋可則容
止可觀作事可法德行可象聲氣
可樂動作有文言語有章

止可觀作事可法德行可象聲氣

可樂シテ動作有文言語有章以臨其　家語又有岳

下謂之有威儀也

春秋卷第十九

經六千八百六十一字

注三千九百五十四字

本奥云
弘長二年五月廿日以家秘説奉
授越州使君訖
前參河守清原在判
古本奥云
古本奥云
仁平四年正月限刻讀清了
直孫在判頼業
久寿二年十月十三日戌刻以
或古本見合了
在判頼業

在判　校之

文永五年九月廿四日以家説受

本一校畢

本奥云　古本奥云

應德甲子霜月廿六日讀畢

仁平四年正月十八日辰剋讀請畢

直講　在判

久壽二年十月十三日戌剋以或

直謹[illegible]

久壽二年十月十三日比對以或
古本見合畢　在御判

保延六年正月廿一日見合唐本
畢于時雨濛〻
東市正頼ー

正嘉元年十月十日以累家〻〻

正嘉元年十月十日以累家

秘本書寫畢

魯門貫首　在判

正嘉元年十二月八日以家秘説

授點畢雖一字一點不借他人

之手所終功者也

權少外記清原直隆　在判

[illegible]在判

文永六年五月十八日以累家
秘説奉授越後次郎殿畢
音博士清原（花押）

於相之醉醒吁之下一覧已訖

于時文永十二年季春上旬　老聖之題

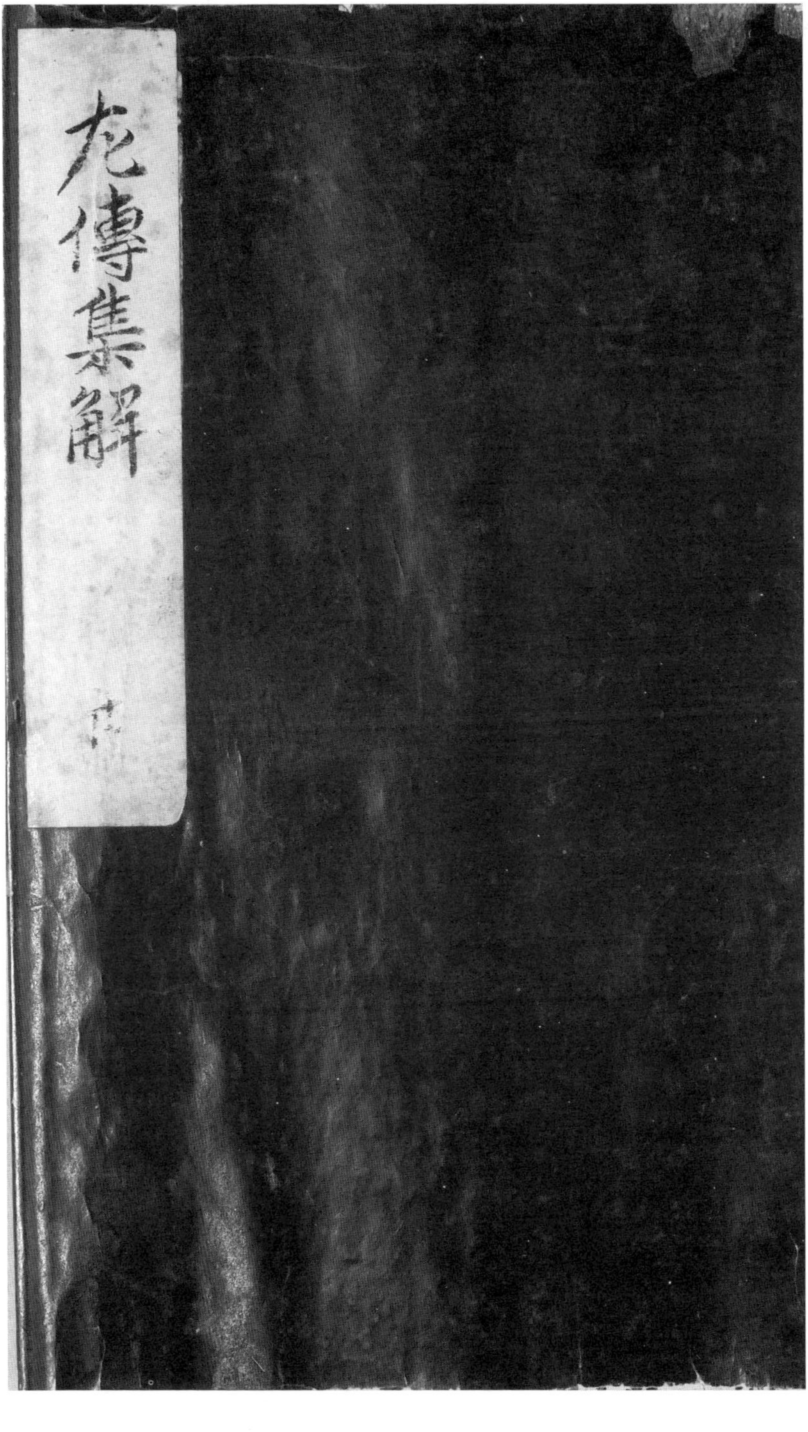
左傳集解

昭公名稠襄公子母齊歸在位二十五年遜于齊在外八年凡
三十二年薨于乾侯謚法威儀恭明曰昭

正共

春秋經傳集解昭元第二十 廿或作 古本才作 杜氏 盡三年

昭公名稠襄公子母齊歸在位二十五年遜于齊在外八年凡三十二年薨于乾侯諡法威儀恭明曰昭

春秋經傳集解昭元第二十　杜氏　盡三年

經元年春王正月公即位傳叔孫豹會晉趙武楚公子圍齊國弱宋向戌衛齊惡陳公子招蔡公孫歸生鄭罕虎許人曹人于虢招實陳侯母弟不稱

鄭罕虎許人曹人于虢母弟不稱
弟者義與莊二十五年公子友同
令讀舊書則楚當先晉而先書趙
武者亦取宋盟貴武之信故尚
之也衛在陳蔡上先至於會也三
月取鄆不稱將帥將卑師少也書取言易也夏秦伯
之弟鍼出奔晉稱弟罪秦伯六月丁巳
邾子華卒無傳三同盟也晉荀吳帥師敗
狄于大鹵大鹵大原

鹵音魯 穀梁傳曰中國曰大原夷狄曰大鹵

莒展輿出奔吳 一本作莒展輿

同盟也 晉荀吳帥師敗

狄于大鹵 大鹵大原晉陽縣也 秋莒去疾自齊

入于莒 國逆而立之曰入也 莒展輿出奔吳

弑君賊未會諸侯故不稱爵也 叔弓帥師疆鄆田

春取鄆今正其封疆也 葬邾悼公 無傳 冬十有

一月己酉楚子麇卒 楚以瘧疾赴故不書弑也

書名罪

一月己酉楚子麇卒故不書弑也

楚公子比出奔晉書名罪之也

傳元年春楚公子圍聘于鄭且娶於公孫段氏伍舉為介伍舉椒舉介副也將入館就客舍也鄭人惡之知楚懷詐也使行人子羽與之言乃館於外舍城外也既聘將以衆逆以兵入子產患之使

人子羽與之言乃館於外 外也 既

聘將以衆逆 以兵入逆婦也 子產患之使

子羽辭曰以敝邑褊小不足以容

從者請墠聽命 欲於城外除地為墠行昏禮也 令

尹命大宰伯州犁對曰君辱貺寡

大夫圍謂圍將使豐氏撫有而室

豐氏公

大夫圍謂圍将使豐氏撫有而室
豐氏公孫段也 圍布几筵告於莊共之廟
而来 莊王圍之祖父共王圍之父也 若野賜之是
委君貺於草莽也是寡大夫不得
列於諸卿也 言不得從卿礼也 不寧唯是
又使圍蒙其先君 蒙欺也告先君而来不得成礼
於女氏之廟故

而來不得成禮
於女氏之廟故以為恥先君也將不得為寡君老
大臣稱老懼辱命而黜退也其蔑以復矣唯大
夫圖之子羽曰小國無罪恃實其
罪恃大國而无備則是罪也將恃大國之安靖
己而無乃包藏禍心以圖之小國

已而無乃包藏禍心以圖之小國
失恃而懲諸侯使莫不憾者距違
君命而有所壅塞不行是懼言己失所
恃則諸侯懲恨以距君命
壅塞不行所懼唯此也不然敝
邑館人之屬也館人守舍人也其敢愛豐
氏之祧祧遠祖廟也伍舉知其有備也
垂櫜示

[illegible]禰廟也伍舉知其有備也
請垂櫜而入垂櫜示無弓也許之正月乙
未入逆而出遂會於虢虢鄭地也尋宋
之盟也宋盟在襄二十七年也祁午謂趙文
子曰宋之盟楚人得志於晉得志謂先
歃也午祁今令尹之不信諸侯之
奚子也恐楚彼
[illegible]

奚子也

令尹之不信諸侯之

所聞也子弗戒懼又如宋（恐楚復得志也）

子木之信稱於諸侯猶詐晉而駕

焉（駕猶陵也詐謂衷甲也）況不信之尤者乎

（尤甚也）楚重得志於晉〻之恥也子

相晉國以為盟主於今七年矣（襄二

十五年始為政以[illegible]襄二

相晉國以來盟主於今七年矣二
十五年始為政以
眷言故云七年
再合諸侯
襄二十五
年會夷儀二十
六年會澶淵也
三合大夫
襄二十七年會
于宋三十年會澶
淵及今會虢也
服齊狄寧東夏
襄二十八年齊
侯白狄朝晉也
平秦亂
襄二十六年秦晉為
成也
城淳于
襄二十九年城杞
之淳于杞遷都也
師徒

也□□之淳于杞遷都也□□

不頓國家不罷民無謗讟讟誹諸

侯無怨天無大災子之力也有令

名矣而終之以恥午也是懼吾子

其不可以不戒文子曰武受賜

矣受午言也然宋之盟子木有過人之（禍本作）

心武有仁人之心是楚所以駕於

言也鮮不及有過人之
心武有仁人之心是楚所以駕於
晉也今武猶是心也楚又行僭不
信也非所害也武將信以為本循而
行之譬如農夫是穮是蓘雖穮耘也
蓘雍苗為
也雖有饑饉必有豐年言耕鉏不
必獲豐年以水旱息

也雖有饑饉必有豐年以水旱息
必獲豐年之收也且吾聞之能信不為人
下也吾未能也自恕未能信也詩曰不僭
不賊鮮不為則信也詩大雅也僭不信也賊害
人也能為人則者不為人下矣吾不
能是難楚不為患楚令尹圍請用
舊書宋

能是鄭楚不爲患楚令尹圍請用牲讀舊書加于牲上而已舊書宋之盟書也楚恐晉先歃故欲從舊加于牲上不歃血經所以不書盟也晉人許之三月甲辰盟楚公子圍設服離衛設君服二人執戈陳於前以自衛也離陳也叔孫穆子曰楚公子美矣君哉美服似君也鄭

[illegible]似君也

子皮曰二執戈者前矣　禮國君行有二執戈者在前也

蔡子家曰蒲宮有前不亦可乎　公子圍在會特緝蒲為王殿屋屛蔽以自殊異言既造王宮而居之雖服君服无所怙也

楚伯州犂曰此行也辭而假之寡君　聞諸大夫譏之故言假以飾令尹過

也[illegible]言將遂

辭而假之寡君言假以飾令尹過
也
鄭行人揮曰假不反矣言將遂為君也
伯州犁曰子姑憂子皙之欲背誕
也襄三十年鄭子皙殺伯有背命放誕將為國難言子且自憂此
无為憂令尹不反戈也
子羽曰當璧猶在假
而不反子其無憂乎子羽行人揮也當璧謂棄
疾也事在昭十三年言棄疾有當

一云愍憂也一云文狀愍也

也當璧謂棄
疾也事在昭十三年言棄疾有當
璧之命圍雖取國猶將有難不無
憂
也齊國子曰吾代二子愍矣國子
國弱
也二子謂王子圍及伯州犁也圍
此冬便篡位不能自終州犁亦尋
為圍所殺故
言可愍也
陳公子招曰不憂何
成二子樂矣
言以憂生事
事成而樂也
衛齊子
苟或知之雖憂何害齊子齊惡

成二子樂矣事成而樂也衛齊子
曰苟或知之雖憂何害齊子齊惡也言先知
為備雖有憂難無所損害也宋合左師曰大國
令小國共吾知共而已共奉大國命不能知
其禍福也晉樂王鮒曰小旻之卒章善
矣吾從之小旻詩小雅也其卒章義取非唯暴虎馮河之
可畏也不敬小人亦危殆也王鮒

…他之義取非唯暴虎馮河之
可畏也不敬小人亦危殆也王鮒
従斯義故不敢譏議公子圍也
退會子羽謂子皮曰叔孫絞而婉
絞切也譏其似若反謂之美故曰婉也宋左師簡而
禮充所藏否故曰簡共事大國故曰禮也樂王鮒字
而敬字愛也不犯爲人所以自愛敬子與子家持
…子…皮也子家蔡公孫歸

吾鄙人所以自愛敬之與子家持
之子〻皮也子家蔡公孫歸皆保
之生也持之言无所取与也
世之主也齊衛陳大夫其不免乎
國子代人憂子招樂憂齊子雖憂
弗害夫弗及而憂與可憂而樂與
憂而弗害皆取憂之道也憂必及

憂而弗皆取憂之道也憂必及
之大誓曰民之所欲天必從之逸書
也三大夫兆憂憂能無至乎開憂兆也
言以知物其是之謂矣物類也察言以知禍
福之類也八年陳招殺大子國弱齊惡當身各无患也季武
子伐莒取鄆兵未加莒而鄆服故書取而不言伐也

…戰　書取而不言伐也
莒人告會楚告於晉曰尋盟未退
尋弭兵之盟也
而魯伐莒瀆齊盟也　瀆慢也
請戮其使　時叔孫豹在會欲戮之也
樂桓子相
趙文子　桓子樂王鮒也相佐也
欲求貨於叔
孫而為之請使請帶焉　雖指求貨故以帶為
辭

猶不欲[illegible]言求貨故以帶為
辭弗與梁其踁曰貨以藩身子何
也
愛焉踁叔孫家臣也叔孫曰諸侯之會衛
社稷也我以貨免魯必受師言不戢其
使必伐其國也是禍之也何衛之為人之
有牆以蔽惡也喻已為國衛如牆牆為人蔽也

有牆以蔽惡也牆為人蔽也牆
之隙壞誰之咎咎在牆也衛而惡之吾
又甚焉罪甚牆也雖怨季孫魯國何罪
怨季孫之伐莒也叔出季處有自來矣吾
又誰怨季孫守國叔孫出使所從來久今遇此戮无所怨也
然鮒也賄弗與不已召使者裂裳
帛而與之曰帶其褊矣言帶褊盡

然鮒也賄弗與不已召使者裂裳
帛而與之曰帶其褊矣（言帶褊盡故裂裳示
不相逢也）趙孟聞之曰臨患不忘國忠
也（謂言魯國何罪）思難不越官信也（謂言叔出
季處也）圖國忘死貞也（謂不以貨免也）謀主
三者義也（三者忠信貞也）有是四者又可
戮……（并義而……）

三者義也信貞也[illegible]

戮予幷義而四也乃請諸楚曰魯雖有

罪其執事不辟難避本作執事謂叔孫畏威而

敬命矣謂不敢辟戮也子若免之以勸左

右可也若子之羣吏處不辟汙

事也出不逃難不苟免也其何患之有患

也

出不逃難免也其何患之有患

之所生污而不治難而不守所由

来也能是二者又何患焉不靖其

能者其誰從之安靖賢能則衆附從之也魯叔

孫豹可謂能矣請免之以靖能者

子會而赦有罪不伐魯也又賞其賢赦叔

孫

子會而赦有罪魯也又賞其賢叔

孫也諸侯其誰不欣焉望楚而歸之

視遠如邇疆埸之邑一彼一此何

或本去聲

常之有言令襄世疆埸無定主也王伯之令也

言三王五伯有令德時引其封疆引正也正封界也

而樹之官樹立也立官以守國也舉之表旗

著旗以表……爲者表旗

□樹之□以守國也　舉之表旗　旌旗以表貴賤也　而着之制令　為諸侯作制度法令　使不得相侵犯也　過則有刑猶不可壹於是乎虞有三苗　三苗饕餮放三危者　夏有觀扈　觀國今頓丘衛縣扈在始平鄠縣也書序曰啓與有扈戰于甘之野也　商有姺邳　二國商諸侯邳下邳縣也　周有徐奄　二國皆嬴姓也書序曰

野也商有姺邳今下邳縣也
周有徐奄二國皆嬴姓也書序曰成王伐淮夷遂踐奄徐
即淮夷也自無令王諸侯逐進逐猶競也狎
主齊盟其又可壹乎彊弱無常故更主盟也
恤大舍小足以為盟主大謂簒弑滅亡之禍
也又焉用之焉用治小事也封彊之削何

子服之 於虔反注同 小事也封疆之削何
國蔑有主齊盟者誰能辯焉 辯治也
吳濮有釁 許靳反 楚之執事豈其顧盟 吳在
東濮在南今建寧郡
南有濮夷釁過也 莒之疆事楚
勿與知諸侯無煩不亦可乎莒魯
爭鄆為日久矣苟無大害於其社
□亢□ 魚呂反

爭鄆爲日久矣苟無大害於其社稷可無亢也（苦浪反徐又户剛反也才元）亢禦（魚呂反）去（起呂反）煩宥善莫不競勸子其圖之固請諸楚〻人許之乃免叔孫令尹享趙孟賦大明之首章大明詩大雅也首章言文王明〻照於下故能赫〻盛於上令尹意在首章故特稱首章以自光大也趙孟賦小宛詩小雅之二章

特稱首章以自光大也趙孟賦
小宛之二章小宛詩小雅也二章
取其各敬尓儀天命
不又言天命一去不
可復還以戒令尹也事畢趙孟謂
叔向曰令尹自以為王矣何如問
將
能成對曰王弱令尹彊其可哉言
否也可
成雖可不終趙孟曰何故對曰彊
也
以克弱而安之彊不義之安於勝

也雖可不終趙孟曰何故對曰彊
己以克弱而安之彊不義也安於勝
若是彊
而不不義而彊其斃必速詩曰赫
義也
褒本
〻宗周褒姒滅之彊不義詩小雅
也褒姒
六似　如字詩作威六呼悅反
周幽王后也幽王惑焉而行不義
遂至滅亡言雖赫〻之盛彊不義足
以滅令尹為王必求諸侯晉少懦
之也
乃乱反

之也令尹為王必求諸侯晉少懦
矣懦弱也諸侯將往若獲諸侯其虐
滋甚滋益也民弗堪也將何以終夫
以彊取也取不以道也不義而克必以
為道以不義為道也道以淫虐弗可久已
矣為十三年楚弑靈王傳也夏四月趙孟叔孫
豹……會……

弒靈王傳也夏四月趙孟叔孫
豹曹大夫入于鄭會罷過鄭也鄭伯兼
享之子皮戒趙孟戒享期也禮終趙孟
賦瓠葉受所戒禮畢而賦詩也瓠葉詩小雅義取古人不以
微薄廢禮雖瓠葉兔首猶與賓客享之也子皮遂戒穆
叔且告之告以趙孟瓠葉也穆叔曰趙孟
欲一獻瓠葉詩義取薄物而

且云瓠葉也穆叔曰趙孟
欲一獻也瓠葉詩義取薄物而以獻酬知欲一獻也子
其從之子皮曰敢乎言不敢也穆叔曰
夫人之所欲也又何不敢夫人趙孟也
及享具五獻之籩豆於幕下朝聘
之制大國趙孟自以今非
之卿五獻趙孟辭聘鄭故辭五獻
也[illegible]矣

之卿五獻[illegible]聘鄭故辭五獻

也私於子產私語也曰武請於冢宰矣

冢宰子皮也請謂賦瓠葉也乃用一獻趙孟為

客礼終乃宴卿會公侯享宴皆折俎不軆薦也穆

叔賦鵲巢鵲巢詩召南也言惟鵲有巢而鳩居之喻晉君

有國趙孟治之趙孟曰武不堪也又賦采

蘩点詩召南也義取蘩菜薄物可

孟治之趙孟曰武不堪也又賦采
蘩采蘩詩召南也義取蘩菜薄物可
以薦公侯享其信不求其厚也
曰小國爲蘩大國省穡而用之其
何實非命穆叔言小國微薄猶蘩
菜也大國能省愛用之
而不棄則何敢子皮賦野有死麕
不從命穡愛也
之卒章野有死麕詩召南也卒章
曰舒而脫ゝ兮無感我帨
兮無使尨也吠脫ゝ安徐也帨佩

之卒章曰舒而脫〻兮無感我帨兮無使尨也吠脫〻安徐也帨佩巾也義取君子徐以礼来無使我失節而使狗驚吠喻趙孟以義撫諸侯無以非礼相加陵也

趙孟賦常棣

常棣詩小雅義取其凡今之人莫如兄弟言欲親兄弟之國也

且曰吾兄弟比以安尨也可使無吠

受子皮之詩也

穆叔子皮及曹

……三大夫皆兄弟……

可使無吠之詩也穆叔子皮及曹

大夫興拜三大夫皆兄弟國也興起也舉兕爵

曰小國賴子知免於戾矣兕爵所以罰不

敬也言小國蒙趙孟德比飲酒樂

以安自知免此罰戮也

復扶又反注及下不復ー并注同

趙孟出曰吾不復此矣不復見此樂也天

王使劉定公勞趙孟於潁館於雒

汭王周景王也定公劉夏也潁

冕端委
本点下
弁端委

王使劉定公勞趙孟於潁館於雒
汭如銳反
王周景王也定公劉夏也潁水
出陽城縣雒汭在河南鞏縣南
水曲流
為汭也
劉子曰美哉禹功
見河雒
而思禹
功
也
明德遠矣微禹吾其魚乎吾與
子弁冕端委以治民臨諸侯禹之
力也
弁冕冠也端委禮衣也言
令得共服冠冕有國家者皆
由禹之

遠績禹功
本或作亦
遠績功

令得共服冠冕有國家者皆

由禹之功也本无子盍亦遠績禹功而大庇盍戶臘反何不也績本作纘庇必利反又方秘

民乎勸趙孟使纂禹功也本无對曰老夫罪戾是

懼焉能恤遠吾儕偷食朝不謀夕於虔反下用能問儕仕皆反偷如字下同

何其長也言不能念長久也欲苟免目前劉子歸

以語王曰諺所謂老將知而耄及語魚據反知音智耄莫報反

八十日耄其趙孟之謂乎爲

以語王曰諺所謂老將知而耄及
之者八十曰耄〻乱也其趙孟之謂乎為
晉正卿以主諸侯而儕於隸人朝
不謀夕言其自比於賤人而无恤民之心也棄神人
矣民為神主不恤民故神人皆去也神怒民叛何以
能久趙孟不復年矣言將死不復見明年也神

[illegible]役見明年也

怒不歆其祀民叛不即其事祀事

不從又何以年為此冬趙孟叔孫卒起本也

歸虢會歸也曾夭御季孫以勞之旦及

日中不出恨季孫伐莒使己幾被戮也曾夭謂

曾阜曾阜叔孫家臣曰旦及日中吾知罪

（枝九反）孫家臣

矣曽以相忍爲國也忍其外不忍其内焉用之　欲受楚戮是忍其外其内也　日中不出是不忍之也　皐日數月於外　言叔孫勞役在外數月也（數　所主反注同）

一旦於是庸何傷賈而欲贏而惡囂乎　言譬如商賈求贏利者　皐謂不得惡諠譁之聲也

（囂　許驕反　徐五高反注）

頊之不得悪諠頊之辭也　言

叔孫曰可以出矣叔孫指楹曰雖

悪是其可去乎乃出見之楹柱也以喩魯

有季孫猶屋有柱也鄭徐吾犯之妹美犯鄭大夫

公孫楚聘之矣楚子南穆公孫公之孫也公孫黒

又使強委禽焉禽鴈也納采用鴈也犯懼告

又使強委禽焉　采用鴈也　犯懼告

子産子産曰是國無政非子之患

也唯所欲與犯請於二子請使女

擇焉皆許之子皙盛飾入布幣而

出　布陳贄幣也子皙公孫黒也　子南戎服入左

右射超乘而出女自房觀之曰子

信美矣抑子南夫也　言丈

右射超乘而出女自房觀之曰子
皙信美矣抑子南夫也　言丈夫〃婦也
婦〃所謂順也適子南氏子皙怒
既而櫜甲以見子南欲殺之而取
其妻子南知之執戈逐之及衝擊
之以戈　衝交道也　子皙傷而歸告大夫
曰我好見之不知其有異志也故

之以戈衝交道也子晳傷而歸告大
曰我好見之不知其有異志也故
傷大夫皆謀之子產曰直鈞幼賤
有罪〻在楚也先聘子南直也子
南用戈子晳直也
子產力未能討故鈞乃執子南而
其事歸罪於楚也
數之曰國之大節有五女皆奸之
奸也

婁之曰國之大節有五女皆奸之
奸犯也畏君之威聽其政尊其貴事
其長養其親五者所以為國也今
君在國女用兵焉不畏威也奸國
之紀不聽政也奸國之紀謂傷人也子皙上
大夫女嬖大夫而弗下之不尊貴

大夫女嬖大夫而弗下之不尊貴

也幼而不忌不事長也忌畏兵其

從兄不養親也君曰余不女忍殺

宥女以遠勉速行乎無重而罪五

月庚辰鄭放游楚於呉將行子南

子産咨於大叔大叔游楚之兄子也大叔曰

必計反　戶嫁反　如字才用反又直勇反　直用反又直勇反

[illegible]大叔之光子也大叔曰

吉不能亢身焉能亢宗亢蔽也彼國

政也非私難也子圖鄭國利則行

蔡蔡叔（才作蔡蔡叔在裏）之文何疑焉周公殺管叔而蔡（才作縩）

叔也蔡放夫豈不愛王室故也吉若

獲戾子將行之何有於諸游也（諸游 或誤）

[illegible]

獲戾子將行之何有於諸游也

爲鄭殺公孫黒傳也

秦后子有寵於桓如二

君於景后子秦桓公子景公母弟鍼也其權寵如兩君也

（息轉反徐素短反注及下）其母曰弗去懼選選數也恐景公數其罪而加戮（所主反徐素來反注及下文一出同）

也

癸卯鍼適晉其車千乘（繩證反下及注同）書曰秦

伯之弟鍼出奔晉罪秦伯也罪失教也

為晉侯

伯之弟鍼出奔晉罷恭伯也敬也

后子享晉侯為晉侯設享礼也造舟于河

造舟為梁通秦晉之道也十里舍車一舍八乘為八

反之備也自雍及絳也雍絳相去千里用車八百乘也

歸取酬幣備九獻之儀始礼自齎其一故續送其八酬酒

幣也終事八反每十里以八乘車各以次載幣相授而還

也終事八反以次載幣相授而遷
不徑重故言八反也千里用車八
百乘其二百乘以自隨故言千乘
也傳言秦鍼之出極奢富
以成礼欲盡敬於所赴也司馬侯
問焉曰子之車盡於此而已乎對
曰此之謂多矣若能少此吾何以
得見言已坐車多女叔齊以告公
叔齊司

行身故出奔也　女叔齊以告公
叔齊司馬侯也　且曰秦公子必歸臣聞君
子能知其過必有令圖〻〻天所
贊也后子見趙孟〻〻曰吾子其
曷歸問何時當歸也　對曰鍼懼選於寡君
是以在此將待嗣君　趙孟曰秦君何

國未艾也

是以在此將待嗣君趙孟曰秦君何
如對曰無道趙孟曰亡乎對曰何
為一世無道國未艾艾絕也（魚廢反注同）國於天
地有與立焉言欲輔助之者多也不數世淫
弗能斃也趙孟曰天乎對曰有焉（不本作）
趙孟曰其幾何（居豈反下同）對曰鍼聞之國無
道而年穀和熟天贊之

趙孟曰其幾何對曰鍼聞之國無

居豈反下同

道而年穀和熟天賛之也

賛佐助也

鮮

息淺反注同

啻 本亦作翅 始豉反 式始真反

不五稔

而甚反

鮮少也少尚當歷五年多則不啻也

始豉反

趙孟視

蔭曰朝夕不相及誰能待五

於金反 本亦作陰

蔭日景也

景 如字 又於領反 或作影

趙孟意衰以日景自喻故言

朝夕不相及誰能待五世

后子

出而告人曰趙孟將死矣主民翫

五喚反 說文云 習猒也 字

……翫……愒日……言不……

出而告人曰趙孟將死矣主民翫五貢反說文云習猒也字又作玩

愒苦蓋反

歲而愒日翫愒皆貪也其與幾何言不能久也

鄭為游楚亂故游楚子南也六月丁

巳鄭伯及其大夫盟于公孫段氏

罕虎公孫僑公孫段印段游吉駟

帶私盟于閨門之外實薰隧閨門鄭城

門也薰隧門外道名也實之旨為

數色主反又色具反

…盟于閨門之外實薰隧閨門鄭城
門也薰隧門外道名也實之者為
明年子產數子晳罪稱薰隧盟起
本公孫黑強與於盟使大史書其
名且曰七子自欲同於六
卿故曰七子也子產
弗討子晳強討之晉中行穆子敗
恐亂國也
無終及羣狄于大原卽大鹵也無
終山戎也
崇卒也崇聚…

便　婢面反

無終及羣狄于大原終山戎也

崇卒也崇聚也子忽反下及注皆同將戰魏舒曰彼徒我車所遇又阨地險不便車也本又作隘於懈反以什共車必克更增十人以當一車之用也困諸阨又克車每困於阨道今去車去呂反下皆同故為必克之也請皆卒去車為步卒也自我始乃毀車以為行魏舒先自毀其屬車為步[illegible]乘車者車三人

自我始乃毀車以爲行　毀其屬車
爲步
陳也　五乘爲三伍　乘車者車三人
五乘十五人今
改去車更以五人
爲伍分爲三伍也　荀吳之嬖人不
肯即卒斬以徇　魏舒辭斬之荀吳
不恨所以能立功
也　爲五陳以相離兩於前伍於後
專爲右角參爲左角偏爲前拒　皆臨
時處置以誘之翟人笑之　笑其失

其君不能為君大能作其前才臨
時處置之名也以誘之狄人笑之笑其失常也
未陳而薄之大敗之傳言荀吳能用善謀也
莒展輿立而奪羣公子秩公子召
去疾于齊秋齊公子鉏納去疾齊雅
納去疾莒人先召之故從國逆例
書入也去疾奔齊在襄三十一年
也　吳外

書入也　去疾奔齊在襄三十一年
也　展輿奔呉　呉外孫也　叔弓帥師彊鄆
田曰莒乱也　此春取鄆今正其彊界也　於是莒
務婁瞀胡及公子滅明以大厖與
常儀靡奔齊　三子展輿黨也大厖常儀靡莒二邑也
君子曰莒展之不立棄人也夫
公子秩是[illegible]

君子曰莒展之不立棄人也夫羣公子秩是棄人也人可棄乎詩曰無競維人善矣詩周頌言惟得人則國家彊也晉侯有疾鄭伯使公孫僑如晉聘且問疾叔向問焉曰寡君之疾病卜人曰實沈臺駘為祟史莫之知敢問此何

沈臺駘爲祟史莫之知敢問此何
神也子産曰昔高辛氏有二子伯
曰閼伯季曰實沈高辛帝嚳也居于曠
林不相能也曠林地闕日尋干戈以相
征討尋用也后帝不臧后帝堯也臧善也遷
閼伯于商丘主辰商丘宋地也主祀辰星辰大火
也商人是因故辰爲商商人湯

閼伯于商丘主辰祀辰星辰大火也

商人是因故辰為商星商人湯先相土封商丘因閼伯故國祀辰星也

遷實沈于大夏主參大夏今晉陽縣也

唐人是因以服事夏商唐人若劉累之等累遷魯縣此在大夏也

其季世曰唐叔虞唐人之季世其若曰叔虞也

當武王邑姜武王后齊大公

唐叔虞若曰叔虞也當武王

震 本又作娠之愼反

邑姜方震大叔 邑姜武王后齊大公女也懷胎為震大

叔成王之弟叔虞也 夢帝謂己余命而子曰

一本有唐字无唐字

虞 帝天也取唐君之名也 將與之唐屬諸參

而蕃育其子孫 及生有文在其手

曰虞遂以命之 及成王滅唐而封

大叔焉故參為晉星 叔虞封唐是

曰虞遂以命之及成王滅唐而封

叔虞封唐是爲晉侯

大叔焉故參爲晉星叔虞封唐是爲晉侯也

案史記叔虞封唐侯叔虞之子燮父改爲晉侯

由是觀之則實沈參神也昔金天

金天代號也少皞身號

氏有裔子曰昧爲玄冥師生允格

臺駘金天氏帝少皞也裔遠也玄冥水官也昧爲水官之長也

臺駘能業其官纂昧之業宣汾洮宣猶通也

汾洮二[illegible]陂障[illegible]大

臺駘能業其官之業宣汾洮通也
汾洮二水名也障大澤陂障之也以處大原大原
之尚反又音章非用
晉陽也臺駘之所居也帝用嘉之封諸汾川
帝顓頊也沈姒蓐黃實守其祀四國臺駘之後
也今晉主汾而滅之矣滅四國也由是
觀之則臺駘汾神也抑此二者不

…之則臺駘汾神也抑此二者不
之晋及君身山川之神則水旱癘疫之
災於是乎禜之有水旱之災則禜
祭山川之神若臺
駘者周禮四日禜祭為
禜攢用幣以祈福祥也日月星辰
之神則雪霜風雨之不時於是乎
禜之星辰之神若君身則亦出入
若實沈者

禜之　若實沈者[illegible]

飲食哀樂之事也山川星辰之神

又何為焉　言實沈臺駘不為君疾也　僑聞之君

子有四時朝以聽政　聽國政也　晝以訪

問　問可否也　夕以脩令　念所施也　夜以安身

於是乎節宣其氣　宣散也　勿使有所

[illegible]閉湫底以露[illegible]　湫集也底滯

於是乎節宣其氣也勿使有所

壅閉湫底以露其體（湫集也底滯也露羸也壹

之則血氣集滯而體羸露也）茲心不爽而昏亂

百度（茲此也爽明也百度百事之節也）今無乃壹

之（同四時也）則生疾矣僑又聞之內官

不及同姓（內官嬪御也）其生不殖（殖長也）

[illegible]同姓之相與

不及同姓[illegible]也其生不殖也

美先盡矣則相生疾　同姓之相與 先美矣美極

則盡〻則生疾也　君子是以惡之故志曰　如字又烏路反

買妾不知其姓則卜之違此二者

古之所慎也　壹四時取同姓二 者古人之所慎也　男

娶

女辨姓禮之大司也　辨別彼列反　今君內

女辨姓禮之大司也　也　今君內

同姓姬

實有四姬焉　同姓姬　四人也　其無乃是也

乎若由是二者弗可為也已　為治也

四姬有省猶可無則必生疾矣　所景反徐所幸反注同　像異

姓法同姓　故言省也　叔向曰善哉肸未之聞　赴呂反

也此皆然矣叔向出行人揮送之

送叔

（送叔向也）叔向問鄭故焉且問子皙對曰其與幾何（言將敗不久也）（如又反頎居豈反）無禮而好（呼報反）陵人怙冨而卑其上弗能久矣（爲明年鄭殺公孫黑傳也）晉侯聞子產之言曰博物君子也重賄之晉侯求醫於秦秦

君子也重賢之晉侯求醫於秦伯使醫和視之曰疾不可為也是謂近女室疾如蠱（蠱惑疾也）非鬼非食惑以喪志（惑女色而失志也）良臣將死天命不祐（良臣不匡救君過故將死而不為天所祐也）公曰女不可近乎對曰節之先王之

……五聲

曰女不可近乎對曰節之先王之
樂所以節百事也故有五節　五聲之節
也　遲速本末以相及中聲以降之
五降之後不容彈矣　此謂先王之樂得中聲
聲成　五降而息
也降罷退也　於是有煩手淫聲慆
堙心耳乃忘平和君子弗聽也　五降
而不息則雜聲並奏……言

慆 土高反 悅憂

堙心耳乃忘平和君子弗聽也 降而不息則雜聲並奏所謂鄭衛之聲也 物亦如之 言百事皆如樂不可失節也 至於煩乃舍也已無以生疾 煩不舍則生疾也 君子之近琴瑟以儀節也非以慆心也 為心之節儀使動不過度 天有六氣 謂陰陽風雨晦明也 降生五味 謂金味辛木味酸水味鹹火味苦

晦明

度天有六氣雨晦明也降生五味
謂金味辛木味酸水味鹹火味苦
土味甘皆由陰陽風雨晦明而生
也發為五色辛色白酸色青鹹色
黑苦色赤甘色黃也
發見也徵為五聲白聲商青聲角黑
聲羽赤聲徵黃聲
宮也徵驗也淫生六疾淫過也滋味聲
色所以養人然
過則生
害也六氣曰陰陽風雨晦明也
六氣之化分

六氣曰陰陽風雨晦明也

害也

分為四時序為五節六氣之化分而序之則成

四時得五行之節也過則為菑陰淫寒疾寒過

則為冷也陽淫熱疾熱過則喘渴也風淫末疾

末四支也風為緩急也雨淫腹疾雨濕之氣為泄注也

晦淫惑疾晦夜也為宴寢過節則心惑亂也明淫

…明晝也思慮煩…

晦淫寢過節則心惑乱也　明淫
心疾　明晝也思慮（息利反）煩多心勞生疾也　女陽物而晦
時淫則生内熱惑蠱之疾　女常隨男故言陽物家道常在夜故言晦時也　今君不節不時能
無及此乎出告趙孟〻〻曰誰當
良臣對曰主是謂矣主相（息亮反）晉國於
今八年晉國無乱諸侯無闕可謂

良臣對曰主是謂矣主相晉國於
今八年晉國無亂諸侯無闕可謂
良矣和聞之國之大臣榮其寵祿
任其大節有菑禍興而無改焉
行以救菑必受其咎今君至於淫以生
疾將不能圖恤社稷禍孰大焉主

命景反　皿說文讀若猛字　林ㇷ猛

疾將不能圖恤社稷禍孰大焉主
不能禦吾是以云也　言主將趙孟死也
曰何謂蠱對曰淫溺惑亂之所生
也　溺沈淫於嗜欲也　於文皿蟲為蠱　文字也皿器也器受蟲害者為蠱
穀之飛亦為蠱　穀久積則變為飛蟲名曰蠱也
在周易女惑男風落山謂之蠱
巽下艮上蠱巽為長女為風

也在周易女惑男風落山謂之蠱

之☶☴巽下艮上蠱巽為長女為風艮為少男為山少男而説長

女非匹故惑山木得風而落也皆同物也物猶類也趙

孟曰良醫也厚其禮而歸之贈賄之禮

也楚公子圍使公子黑肱伯州犂

城犫櫟郟黑肱王子圍之弟子晳也犫縣屬南陽郟縣屬

襄城櫟今河南陽翟

城犨櫟郟也犨縣屬南陽郟縣屬
襄城櫟今向南陽翟縣也三邑本鄭地也鄭人懼子産
曰不害令尹將行大事謂將弒君也而
先除二子也二子謂黑肱伯州犂也禍不及
鄭何患焉冬楚公子圍將聘于鄭
伍舉為介未出竟聞王有疾而還

伍舉為介未出竟聞王有疾而還

伍舉遂聘十一月己酉公子圍至

入問王疾縊而弑之縊絞也孫卿日以冠纓絞之長歷推己酉十二月六日也經傳皆言十一月月誤也遂殺

其二子幕及平夏皆郟敖子也右尹子

干出奔晉子干王子比也宮廐尹子皙出

干出奔晉子比也宮廐尹子晳出
奔鄭因築城而在也殺大宰伯州犁于郟
葬王于郟謂之郟敖郟敖楚子麇也使赴
于鄭伍舉問應為後之辭焉問赴者也
對曰寡大夫圍伍舉更之曰共王
之子圍為長伍舉更赴辭使從禮也此言終稱嗣不以
篡弑赴

國也此告終稱嗣不以

莫弑赴諸侯也子干奔晉從車五乘叔向

使與秦公子同食食祿同也皆百人之

餼百人一卒也其祿是百人也趙文子曰秦公

子富謂秦鍼富強秩祿不宜與子干同也叔向曰底

祿以德底致也德鈞以年年同以尊

禄以德也德鈞以年年同以尊

公子以國不聞以冨且夫以千乘

去其國彊禦已甚詩曰不侮鰥寡

不畏彊禦詩大雅也侮陵也秦楚匹也使

后子與子干齒以年齒為高下而坐也辭曰

鍼懼選楚公子不獲是以皆来亦

不獲不得自安也言俱奔事

鍼懼選楚公子不獲是以皆來亦
唯命不獲不得自安也言俱奔事有優劣唯主人命所處讓辭
也且臣與羈齒無乃不可乎后子先來
仕欲自同於晉臣為主人子干後來奔以為羈旅之客也史佚
有言曰非羈何忌忌敬也欲讓以自別也楚
靈王即位薳罷為令尹薳啟彊為
靈王公子圍也

靈王即位遠罷爲令尹遠啓彊爲
大宰　靈王公子圍也即位易名熊虔也　鄭游吉如
楚葬郟敖且聘立君歸謂子産曰
具行器矣　行器謂會備也　楚王汰侈而自
説其事必合諸侯吾往無日矣子
産曰不數年未能也　爲四年會申傳　十

虞日不數言不能也　申傳也　十
二月晉既烝趙孟適南陽將　烝冬祭也
會孟子餘　孟子餘趙衰趙武之曾祖也其廟在晉之南陽
溫縣往會祭之也
甲辰朔烝于溫　趙氏烝祭也甲辰十二月朔也晉既烝趙孟乃烝其家廟則晉烝當在甲辰之前傳言十二月誤也
庚戌卒　十二月七日也終劉定公秦后子之言
鄭伯如晉弔及雍乃復　弔趙氏

誤也　庚戌卒　劉定公・秦后子之言也

鄭伯如晉弔及雍（於用反）乃復、弔趙氏蓋趙氏辭之而還也傳言大夫彊諸侯畏而弔之

經　二年春晉侯使韓起來聘夏叔弓如晉　叔弓叔老之子也　秋鄭殺其大夫公孫黑　書名惡之也薰隧盟子產不討遂以爲卿故書之也　冬

不討遂以為卿故書之也冬

公如晉至河乃復弔少姜也晉人辭之故還也

季孫宿如晉致襚服也公實以秋行冬還乃書也

傳二年春晉侯使韓宣子来聘公即位故也且告為政而来見礼也代趙武為政雖盟主而修好同盟故曰礼也觀書於大史氏見

盟故曰禮也

易象與魯春秋曰周禮盡在魯矣

易象上下經之象辭。魯春秋史記

之策書也春秋遵周公之典以序

事故曰周禮

盡在魯矣也　吾乃今知周公之德

與周公之所以王也

易象春秋文

王周公之所

法制當此時儒道廢諸國多闕

唯魯備故宣子適魯而說之　公

享之季武子賦緜之卒章　緜詩大

說音悅

訖

四臣

大顛閎夭散宜生南宮适

四輔謂先後奔走疏附禦侮

唯魯備故宣子適魯而說之公享之季武子賦緜之卒章【緜詩大雅也卒章義取文王有四臣故能以緜ゝ致興盛以晉侯比文王以韓子比四輔也】韓子賦角弓【角弓詩小雅也取其兄弟昏姻無胥遠矣言兄弟之國宜相親也】季武子拜曰敢拜子之彌縫敝邑寡君有望矣【彌縫猶補合也謂以

拜子之彌敝邑寡君有望矣　縫

猶補合也謂以武子賦節之卒章

兄弟之義也

節詩小雅也卒章取式訛尒心以

畜万邦以言晉德可以畜万邦也

既享宴于季氏有嘉樹焉宣子譽

之　譽其武子曰宿敢不封殖此樹

好也

以無忘角弓　封厚也　遂賦甘棠　甘

殖長也　棠

詩召南也召伯息於甘棠之下詩

……殖長也……棠

詩召南也召伯息於甘棠之下詩
人思之而愛其樹武子欲封殖嘉
樹如甘棠以宣
子比召公也　宣子曰起不堪也
無以及召公宣子遂如齊納幣為
公聘少
姜也　見子雅子雅召子旗子旗子雅
之子
也　使見宣子〻〻曰非保家之

志氣

也

使見宣[子宣子曰非]保家之（賢遍反下見彊同）主也不臣（志氣亢也）見子尾子尾見子彊（彊子尾之子也）宣子謂之如謂子旗（不臣也）大夫多笑之唯晏子信之曰夫子君子也（夫子韓起）君子有信其有以知之矣（爲十年齊欒施高彊來奔張本也）自齊聘

[illegible]彊來奔張本也 自齊聘於衛衛侯享之北宮文子賦淇澳淇澳詩衛風美武公也言宣子有武公之德也宣子賦木瓜木瓜亦衛風也義取於欲厚報以為好也夏四月韓須如齊逆女須韓起之子也逆少姜也齊陳無宇送女致少姜少姜有寵於晉侯[illegible]謂之少齊為立別號所[illegible]

宇送女致少姜〻〻有寵於晉侯
〻〻謂之少齊為立別號所以寵異之也謂陳
無宇非卿欲使齊以適夫人禮送少姜也執諸中
都中都晉邑也在西河界休縣東南之也少姜為之
請曰送從逆班班列也畏大國也猶
有所易是以乱作韓須公族大夫也陳無宇上大
夫也言齊畏晉改易礼制之大

不可[illegible]也陳無宇上大

夫也言齊畏晉改易礼制使上大
夫送遂致此執辱之罪蓋少姜譲

以示
譏
叔弓聘于晉報宣子也此春
韓宣

子来
聘也
晉侯使郊勞聘礼賔至近郊
若使卿勞之

辭曰寡君使弓来継舊好固曰女

無敢為賔徹命於執事敝邑弘矣

徹達[illegible]辭郊[illegible]

幷前宥命於事以敝邑弘矣

徹達　敢辱郊使請辭　辭郊勞也　致館辭

也　所安反下同

曰寡君命下臣来継舊好〻合使

成臣之禄也　得通君命則於己為榮禄也　敢辱

大館　敢不敢也　叔向曰子叔子知礼哉

吾聞之曰忠信礼之器也卑讓礼

吾聞之曰忠信禮之器也卑讓禮之宗也〔宗猶主也〕辭不忘國忠信也〔謂稱舊好也〕先國後己卑讓也〔始稱敝邑之弘先國也次稱臣之祿後己也〕詩曰敬慎威儀以近有德夫子近德矣〔詩大雅也〕秋鄭公孫黑将作乱欲去游氏而代其位〔游氏大叔之族也〕黑為游楚

遽其據反尒雅云馹遽傳也注云皆傳車驛馬

黑將作亂欲去起呂反游氏而代其位游氏

太叔之族也黑為游楚傷疾作而

所傷故欲害其族也

不果前年游楚所擊創駟氏與諸大夫欲

殺之駟氏黑之族也子產在鄙聞之懼弗

及乘遽而至遽傳驛也使吏數之責數其罪

也曰伯有之乱在襄三十一年也以大國之

務共大國之命

一字諸本作才文以

傳車驛馬

[illegible]

事而未尒討也務共大國之命尒不暇治女罪也

有乱心無厭國不女堪專伐伯有

而罪一也兄弟爭室而罪二也謂爭室

徐吾犯之妹也薰隧之盟女矯君位而罪

三也謂使大史書七子也有死罪三何以堪

不速死大刑將至再拜稽首辭

三也書七子也有死罪三何以堪
之不速死大刑将至再拜稽首辭
曰死在朝夕無助天為虐子產曰
人誰不死凶人不終命也作凶事
為凶人不助天其助凶人乎請以
印為褚師印子皙之子也褚師市官也子產曰

褚師市官也

印也若才君將任之不才將朝夕

從女〻罪之不恤而又何請焉不

速死司寇將至七月壬寅縊尸諸

周氏之衢衢道加木焉書其罪於木以加尸

上也晉少姜卒公如晉及河晉侯使

也

士文伯來辭曰非伉儷也晉侯溺於所幸
爲少姜行夫人之服故諸侯弔不敢以私煩諸侯故止之也
請君無辱公還季孫宿遂致服焉致少
姜之襚服也公以未秋行始冬還乃書之故經在冬也
叔向言陳無宇於晉侯曰彼何罪

宇

向言陳無宇於晉侯曰彼何罪無宇也君使公族逆之齊使上大夫送之猶曰不共君求以貪國則不共逆卑於宋也是晉國不共也而執其使君刑已頗何以為盟主頗不平也且少姜有辭謂請無宇之辭冬十月陳無宇歸晉侯赦之十

[illegible]

宇之辭[illegible]敝之

一月鄭印段如晉弔少姜也

經

三年春王正月丁未滕子原卒襄二

十五年盟重丘也夏叔弓如滕五月葬滕

成公卿共小國之葬禮過厚也葬

襄公滕子來會葬故曾厚報之

秋小邾子來朝八月大雩冬大雨

雩無傳記[illegible]其自取[illegible]不書

秋小邾子來朝八月大雩冬大雨

雹無傳記北燕伯款出奔齊不書
也大夫

逐之而言奔罪之
也書名從告也

傳

三年春王正月鄭游吉如晉送少

姜之葬梁丙與張趯見之二子晉
大夫也

梁丙曰甚矣哉子之為此來也鄭
共

姜葬過……言不

梁丙曰甚矣哉子之為此來也共妾葬過礼甚也
子大叔曰将得已乎言不得上也
昔文襄之霸也晉文公襄公也其務不煩諸侯令諸侯三歲而聘五歲而朝有事而會不協而盟明王之制歲聘間朝在十三年
君薨大夫弔卿共葬事
令簡之

嫡本作

令簡之……

夫人士弔大夫送葬先王之制諸侯之喪士弔
大夫送葬在三十年蓋時俗過足
制故文襄雖節之猶過於古也
以昭礼命事謀闕而已朝聘以昭礼盟會以
謀闕也無加命矣命有常也令嬖寵之喪
不敢擇位而數於守適不敢以其位卑而令
礼數如守適夫人然則時適夫人

所具反徐所主反

丁歷反注同

又本或作嫡

力里反下同

不敢擇位而數於守適　位卑而令
禮數如守適夫人然則時適夫人
之喪弔送之禮以過文襄之制也
唯懼獲戾豈敢憚煩少姜有寵而
死齊必繼室　繼室薦女也今茲吾又將
來賀不唯此行也張趯曰善哉吾
得聞此數也然自今子其無事矣

得間山濮也然自今子其無事矣

譬如火焉火心星也火中寒暑乃退以

季夏昏中而暑退季冬旦中而寒退也此其極也能

無退乎晉將失諸侯諸侯求煩不

獲言將不能從煩諸侯也二大夫退子大叔

告人曰張趯有知其猶在君子之

告人曰張趯有知其猶在君子之

後乎　譏其無隱諱也　丁未滕子原卒同盟

故書名　同盟於襄之世亦應從曆同盟之礼故傳發之

侯使晏嬰請繼室於晉　繼以女繼少姜也

曰寡君使嬰曰寡人願事君朝夕

不倦將奉質幣以無失時則國家

贄

贄

不倦將奉質幣（徐之二反又音如字）以無失時則國家多難（乃旦反）是以不獲（不得自來也）不腆（他典反）先君之適（謂少姜也）以備內官焜（胡本反又音混服云明也）燿（羊照反服云照也）寡人之望則又無祿早世隕（于敏反）命寡人失望君若不忘先君之好（呼報反）惠顧齊國辱收寡人徼福於大公丁公（徼要也）二公齊

振之刃反一本眞注同

收寡人徼福於大公丁公二公齊
先君也言收恤寡人照臨敝邑鎮
則先君與之福也
撫其社稷則猶有先君之適適夫人之
女及遺姑姊妹遺餘若而人言如
也　也　常人
不敢君若不棄敝邑而辱使董振
譽也一本餘
擇之以備嬪嬙寡人之望也董正
本乍又作墻在良反　也振
擇也嬪嬙

擇之以備嬪嬙寡人之望也正也振

整也嬪嬙韓宣子使叔向對曰寡

宮屬也或本

婦官也

君之願也寡君不能獨任其社稷

之事未有伉儷在縗絰之中是以

未敢請衰夫人之服則葬訖君臣乃釋服也君有辱

命惠莫大焉若惠顧敝邑撫有晉

國賜之内主豈唯寡君舉羣臣實

命惠莫大焉若惠顧敝邑撫有晉
國賜之內主豈唯寡君舉羣臣實
受其貺其自唐叔以下實寵嘉之
唐叔晉之祖也既成昏許昏成也晏子受礼受賔
享之礼也叔向從之宴相與語叔向曰
齊其何如問興衰也晏子曰此季世也

其他二字本无才元ハナラン

……不知其也

齊其何如　襄也　晏子曰此季世也

吾弗知齊其為陳氏矣　其他二字本イ无オ无　不知其他

不本イ　絶句　唯知齊將

為陳公棄其民而歸之陳氏　棄民

氏也　不恤

也　齊舊四量豆區釜鍾　四升為豆　鳸候反注及下皆同　豆亮下及注同

各自其四以登於釜　四豆為區　區一斗六升也

四區為釜　釜六斗四升也　登成也　釜十則鍾　六斛四斗

陳氏三量皆登一焉鍾乃大矣　登

貸本作以公量收之

在裏

四升也登成也釜十則鍾四斗

陳氏三量皆登一焉鍾乃大矣登加也加一謂加舊量之一也以五升爲豆五豆爲區五區爲釜也則區二斗釜八斗鍾八斛也以家量貸而以公量收之貸厚而收薄也山木如市弗加於山魚鹽蜃蛤弗加於海賈如在山海不加貴也

民參其力二入於公而衣食其一

魚鹽蜃蛤弗加於山　不加貴也　食軫反　市忍反　古答反

民參其力二入於公而衣食其一　七南反又如字

言公重賦斂也　力驗反

公聚朽蠹而三老凍餒　徐在喩反一音在主反　奴罪反

杜云八十以上中下壽之服云工老商老農老也

謂上壽中壽下壽皆八十以上不見養遇也

國之諸市

屨賤踊貴　九具反　音勇

踊刖足者屨言刑多也

民人痛疾而

正義民人痛疾

休　區喩反　徐許留反　賈云燠火石字

或燠休之　於喩反徐音憂又於到反一音於六反

燠休痛念之聲也謂陳氏也

其愛之

休徐許留反賈云燠厚也休美也

而燠休之也謂陳氏也 於喻反徐音憂又於到反一音於六反

如父母而歸之如流水欲無獲民

將焉辟之箕伯直柄虞遂伯戲 於虔反 許宜反 四人

皆舜後陳氏之先也

其相胡公大姬已在齊 息亮反 相正云定本作祖

矣

胡公四人之後周始封陳之祖

大姬其妃也言陳氏雖為人臣

然將有國其先祖鬼神

已與胡公共在齊也

叔向曰然

已與胡公共在齊也

雖吾公室今亦季世也戎馬不駕

卿無軍行言晉衰弱不能征討救諸侯也公乘無

人卒列無長百人為卒言人皆非其人非其長庶

民罷敝而宮室滋侈滋益也道殣相

望餓死為殣而女富溢尤女嬖寵之家也民聞

戶郎反　繩證反　子忽反注同　丁丈反注同　尺氏反又昌氏反　人本作方皮

方觀說文云道中死者人所覆也毛詩下墐傳云墐路冢也

為殣　之家也　路冢也

公命如逃寇讎欒郤胥原狐續慶

伯降在皁隸　八姓晉舊臣之族　政

在家門　政大夫專　民無所依君日不

悛以樂慆憂　慆藏也　公室之卑其

何日之有　言今至也　讒鼎之銘　讒鼎名也　曰

丕顯後世猶怠　昧旦早起也

怠　本作
大　本作
懈息　本作

何日之有　恎也　讒鼎之銘　仕咸反服虔云疾ー之鼎也　為也　曰

昧旦　妹　丕　普悲反　顯後世猶怠　昧旦早起也丕大也言夙

興以務大顯後世猶懈怠也　任責反　況日不悛　入質反　其能久

乎晏子曰子將若何　問何以救此難也　乃旦反

向曰晉之公族盡矣肸　許乙反　聞之公室

將卑其宗族枝葉先　則公室從

同祖為　唯本作

將卑其宗族枝葉先落則公室從
之肸之宗十一族同祖為宗也唯羊舌
氏在而已肸又無子無賢子也公室無
度無法度也幸而得死言得以壽終為幸也豈其
獲祀言必不得祀也初景公欲更晏子之
宅曰子之宅近市湫隘囂塵不可
於貢反　許驕反一本五高反
附之下同
子小反徐子秋反又在酒反下同
湫下隘小囂

宅曰子之宅近市湫隘嚻塵不可

附近之近円　子火反徐子秋反在湫字下円

以居湫下隘小嚻聲塵土也請更諸爽塏者苦代反

爽明塏燥素刀反辭曰君之先臣容焉先臣晏子之先人也臣不足以嗣之於臣侈矣侈奢也

且小人近市朝夕得所求小人之

利也敢煩里旅旅衆也不敢勞衆為己宅也公

旅也不敢勞衆為己宅也

笑曰子近市識貴賤乎對曰既利

之敢不識乎公曰何貴何賤於是

景公繁於刑繁多也有鬻踊者故對

曰踊貴屨賤既已告於君故與叔

向語而稱之傳譏晏子令不與張趯同譏也景公

為是省於刑君子曰仁人之言其

向言所稱之與張趯同識也景公

為是省於刑君子曰仁人之言其

于偽反　而景反下同

利博哉晏子一言而齊侯省刑詩

曰君子如祉乱庶遄已詩小雅也 如行也祉

市專反

福也遄疾也言君子行 福則庶幾乱疾止也其是之謂

越注可讀

乎及晏子如晉公更其宅反則成

[illegible]既拜謝[illegible]

及晏子如晉公更其宅反則成
矣既拜拜謝新宅也乃毀之而為里室
皆如其舊本壞里室以大晏子之宅故復之也則使
宅人反之還其故室也且諺曰非宅是
卜唯鄰是卜卜良鄰也二三子先卜鄰
矣二三子謂鄰人也違卜不祥君子不犯

矣鄰人也違卜不祥君子不犯
非禮去儉即奢為非禮也小人不犯不祥古
之制也吾敢違諸乎卒復其舊宅
公弗許因陳桓子以請乃許之傳言
曆晉之衰賢臣懷憂夏四月鄭伯
且言陳氏之興也
如晉公孫段相甚敬而卑禮無違息亮反

如晉公孫段相甚敬而卑禮無違
者晉侯嘉焉授之以策（策賜命之書也）曰
子豐有勞於晉國（子豐段之父也）余聞而
弗忘賜女州田（州縣今屬河內郡也）以胙乃舊
勳伯石再拜稽首受策以出君子
曰禮其人之急也乎伯石之汰也

太平 已可反

曰礼其人之急也乎伯石之汏也
汏驕也一為礼於晉猶荷其祿况以
礼終始乎詩曰人而無礼胡不遄
死其是之謂乎初州縣欒豹之邑
也豹欒盈族也及欒氏亡范宣子趙文
子韓宣子皆欲之文子曰溫吾縣也州本屬溫
之趙氏

子旨哉之文子曰温吾縣也属温
ゝ趙氏邑也
二宣子曰自郤稱以別三
傳矣郤稱晉大夫始受州自是
州與温別至今傳三家也晉
之別縣不唯州誰獲治之言縣邑
既別甚
多無有得追
而治取之也文子病之乃舍之二
宣子曰吾不可以正議而自與也

宣子曰吾不可以正議而自與也

皆舍之及文子為政趙獲曰可以

取州矣獲趙文子之子也文子曰退使獲退也

二子之言義也二子二宣子也違義禍也

余不能治余縣又焉用州其以徼

禍也君子曰弗知實難患不知禍所起也

禍也君子曰弗知實難　所起也

知而弗從禍莫大焉有言州必死

豐氏故主韓氏　故猶舊也豐氏至晉舊以韓氏為主人也

伯石之獲州也韓宣子為之請

之為其復取之之故　後若還晉曰自欲取之為

于僞反下ー其復ー必爲ー下注ー之辟仇ー乎公遅皆同

七年豐氏歸州張本也

五月叔弓如滕葬滕

州張本也

成公子服椒為介及郊遇懿伯之忌敬子不入忌惡也懿伯椒之叔父也敬子叔弓也叔弓礼椒為之辟仇之也惠伯曰公事有公利無私忌椒請先入乃先受館敬子從之惠伯子服椒也言叔弓之有礼也傳晉韓起如

不得心吉可案之今案以子尾之女稱公女嫁晉非

言叔弓之有礼也

齊逆女為平公逆也公孫蠆為少姜之有寵也以其子更公女而嫁公子更嫁公女也人謂宣子ゝ尾取晉ゝ胡受之宣子曰我欲得齊而遠其寵ゝ將來乎寵謂子尾也秋七月鄭罕虎

敕邁反　千萬反

舊說云公子

猶者尾也秋七月鄭罕虎

如晉賀夫人且告曰楚人日徵敝

邑以不朝立王之故楚靈王新立也敝邑

之往則畏執事其謂寡君而固有

外心其不往則宋之盟云云交相見也

進退罪也寡君使虎布之布陳也宣

子使叔向對曰君若辱有寡君在

進退罪也寡君使虎布之也宣
子使叔向對曰君若辱有寡君在
楚何害脩宋盟也君苟思盟寡君
乃知免於戾矣君若不有寡君雖
朝夕辱於敝邑寡君猜焉猜疑也君
實有心何辱命焉言若有事晉之志至楚可不須
君

實不以何國爲言志至楚可以不須
吉者其往也苟有寡君在楚猶在
也
晉也張趯使謂子大叔曰自子之
歸也歸在此年春也小人糞除先人之敝
廬曰子其將來今子皮實來小人
失望大叔曰吉賤不獲來也賤非上卿
也

[illegible]大叔曰吉賤不獲來 太本作 也 上卿

也畏大國尊夫人也且孟曰而將

無事吉庶幾焉 孟張趯也庶幾如趯言也 小邾

穆公來朝季武子欲卑之 不欲以諸侯禮待之

穆叔曰不可曹滕二邾實不忘

我好敬以逆之猶懼其貳又卑一 呼報反絶句一讀以一字向下下文奉一門音

[illegible]一睦謂二[illegible]加

我好敬以逆之猶懼其貳又卑一
睦焉（一睦謂小邾也）逆羣好也其如舊而加
敬焉志曰能敬無災又曰敬逆來
者天所福也季孫從之八月大雩
旱也齊侯田於莒（莒齊東竟也）盧蒲嫳
見泣且請曰余髮如此種種余奚

[illegible]

見淚且言曰余髮如此種々余（賢遍反）（本亦作董々章勇反）

能為嫳慶封之黨也襄二十八年放之於竟種々短也自言衰老不能復為害也公曰諾吾告二子二子子雅子尾也歸而告之子尾欲復之子雅不可曰彼其髮短而心甚長其或寢處我矣言不可信也九月子雅放盧

……恐其復……

寢處我矣（…信也）九月子雅放盧
蒲嫳于北燕（恐其復作乱也）燕簡公多嬖
寵欲去諸大夫而立其寵人冬燕
大夫比以殺公之外嬖（比相親比也）公
懼奔齊書曰北燕伯款出奔齊罪
之也（款罪輕於衛衎重於蔡朱故舉中亦例也）十月

未故舉中示例也

鄭伯如楚子產相楚子享之賦吉日吉日詩小雅宣王田獵之詩也楚王欲與鄭伯共田故賦之也

既享子產乃具田備王以田江南之夢楚之雲夢跨江南北也齊公孫竈卒竈子雅也

司馬竈見晏子司馬竈齊大夫也曰又喪

子雅矣晏子曰惜之子旗不免殆

也司馬竈見晏子大夫也曰又喪

子雅矣晏子曰惜也子旗不免殆

哉以其不臣也姜族弱矣而嬀將始昌

嬀陳氏也二惠競爽猶可子雅子尾皆齊惠公之孫

也競彊也爽明也又弱一个焉姜其危哉

經七千一百[illegible]字

春秋巻第二十

經七千一百手字

注五千八十二字

本奥云

文永元年十一月十二日以参州之

本書寫點校了

文永二年正月十二日以累家秘說

奉授越州使君笠閤了

前参河守清原（花押）

本奥云

治承五年正月廿三日晡時校合家本了

在判　祖父大外記殿

治承五年四月十二日授良別駕

在判　同上

文永五年九月廿七日以外記

大夫本一校畢

大外本一校畢

本云　本云

治承五年正月廿三日晡時校

合家本畢　在御判　和父本記殿

治承五年四月十二日校了

引舊畢　在御判　同上

移點畢　　右御判

壽永三年三月三日受御說畢
良業

建暦三年八月七日以家秘
說授仲宣了
國子助教　右御判

天福元年九月廿日以家々

天福元年九月廿四日以家

證本授點了　前參河守教

訓之時雖授合之猶有脫漏

之所也　直講清原在判

延應二年四月二日以秘說授

隆尚畢　助教在判

正嘉二年二月十八日以家

正嘉二年二月十八日以家

證本書寫了

外史直隆

正嘉二年三月廿七日以家秘

説手自書點了

權少外記清原 在判

文永六年六月廿三日以累家
之秘訓奉授越州二郎才士尋
同一
朝請大夫教隆

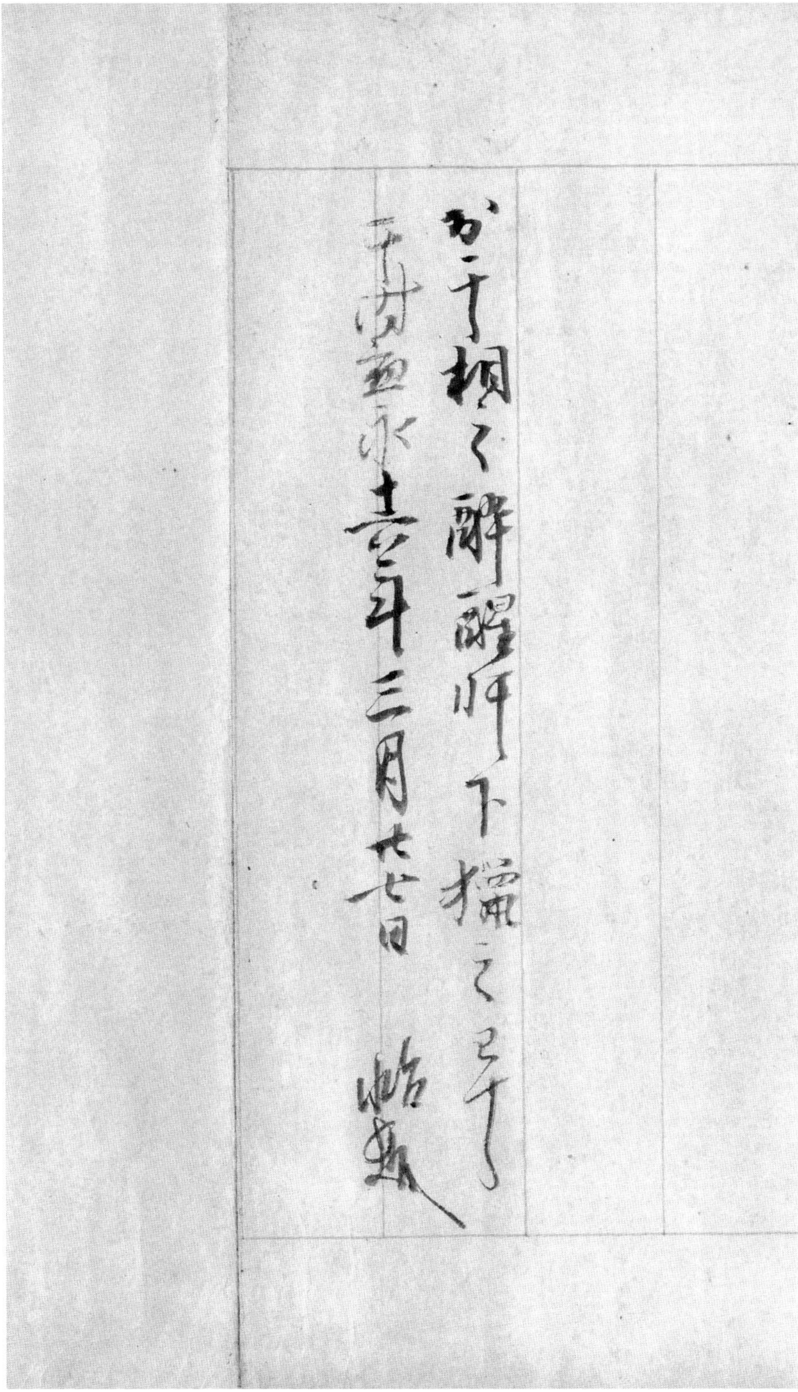